Kinder können fliegen

Gunda Schneider-Flume

Kinder können fliegen

Leben mit Kindern – Im Gespräch mit Janusz Korczak

Bibliografische Information der Deutschen Nationalbibliothek
Die Deutsche Nationalbibliothek verzeichnet diese Publikation
in der Deutschen Nationalbibliografie; detaillierte bibliografische
Daten sind im Internet über http://dnb.d-nb.de abrufbar.

Umschlagabbildung: © Friedrich Lux

ISBN 978-3-631-66364-6 (Print)
E-ISBN 978-3-653-05824-6 (E-Book)
DOI 10.3726/ 978-3-653-05824-6

© Peter Lang GmbH
Internationaler Verlag der Wissenschaften
Frankfurt am Main 2015
Alle Rechte vorbehalten.
PL Academic Research ist ein Imprint der Peter Lang GmbH.

Peter Lang – Frankfurt am Main · Bern · Bruxelles · New York ·
Oxford · Warszawa · Wien

Das Werk einschließlich aller seiner Teile ist urheberrechtlich
geschützt. Jede Verwertung außerhalb der engen Grenzen des
Urheberrechtsgesetzes ist ohne Zustimmung des Verlages
unzulässig und strafbar. Das gilt insbesondere für
Vervielfältigungen, Übersetzungen, Mikroverfilmungen und die
Einspeicherung und Verarbeitung in elektronischen Systemen.

Diese Publikation wurde begutachtet.

www.peterlang.com

Vorwort

Die Gedanken über das Leben mit Kindern, die ich in diesem Buch niedergeschrieben habe, begleiten mich seit mehr als 45 Jahren. Sie stammen aus zahlreichen Tagebuchheften, in denen ich das Leben mit unseren Kindern reflektiert habe. Gesprächspartner war mir dabei von Anfang an Janusz Korczak, zunächst nur mit dem in deutscher Übersetzung erschienenen Buch: „Wie man ein Kind lieben soll", später mit den Schriften des in deutscher Übersetzung herausgegebenen Gesamtwerks.[1]

Korczaks Thesen provozierten meinen entschiedenen Widerspruch und zugleich meine uneingeschränkte Zustimmung. Die Behauptung des „Rechtes des Kindes auf den Tod" konnte ich nicht akzeptieren, Korczaks Lebensverständnis aber und seine Achtung vor Kindern als Menschen überzeugten mich und ließen mich schließlich auch „das Recht des Kindes auf den Tod" begreifen. Obwohl Janusz Korczak sich selbst als zu keiner Religionsgemeinschaft gehörend verstand, war sein Lebensverständnis tief in der biblisch-jüdischen Tradition verwurzelt: Leben ist Geschenk, das Freude und Dankbarkeit hervorruft. Besonders bei Naturbeobachtungen, etwa beim Betrachten einer Wiese, konnte der Erzieher den Kindern das ganz weltlich vermitteln.

Das Buch „Wie man ein Kind lieben soll" wurde während des Ersten Weltkriegs verfasst. Korczak bemerkt dazu: „Ich schrieb dieses Buch im Feldlazarett, unter dem Donner der Geschütze, im Krieg." (SW 4,115) Korczaks letzte Aufzeichnungen entstammen seinem Tagebuch 1942, wenige Tage vor der Deportation mit den Kindern in das Vernichtungslager Treblinka. Seine Pädagogik ist Niederschlag der Erfahrung des Lebens mit Kindern in Ferienkolonien zu Anfang des 20. Jahrhunderts und seit 1912 als Leiter des jüdischen Waisenhauses „Dom Sierot" in Warschau.

Nach dem Zweiten Weltkrieg wurde Korczaks Pädagogik der Reformpädagogik zugeordnet. Geistesgeschichtlich hatte sie auf diese Weise ihren Ort gefunden, eine weitere Wirkung aber blieb fast vollständig aus. Nach 1945 gab es zahlreiche sehr unterschiedliche Erziehungsprogramme.

---

1 Janusz Korczak, Sämtliche Werke. Ed. Friedhelm Beiner und Erich Dauzenroth. Gütersloher Verl.-Haus, 1996–2010. Hier zitiert (SW Bd., S.).

Korczak wurde mit Ausnahme des Erscheinens des Kinderbuches „König Hänschen I." und der Verleihung des Friedenspreises des Deutschen Buchhandels 1972 in Deutschland vergessen. Möglicherweise lässt sich das erklären mit der Tatsache, dass man bei Korczak keine Rezepte für einzelne Erziehungsprobleme oder zur Förderung von Fertigkeiten Heranwachsender findet.

Das Geheimnis von Korczaks Erziehung, seines Lebens mit Kindern, ist die Achtung, die er jedem Kind entgegenbringt. Die Achtung, die einem Kind entgegengebracht wird, lässt es *es selbst* werden. Nicht Ideale oder Vorbilder müssen erreicht werden, es geht um die Person des Kindes, die so anerkannt wird, dass sie sich selbst entfalten kann. Leistungsfähigkeit kommt dabei nicht zu kurz, aber sie steht nicht im Mittelpunkt. Insofern ist Korczaks Pädagogik eine sozialpolitisch motivierte und motivierende Pädagogik, die Maßstäbe setzt für die Menschlichkeit einer Gesellschaft. Hartmut von Hentig sprach in seiner Laudatio zur Verleihung des Friedenspreises des Deutschen Buchhandels im Blick auf Korczak von politischer Pädagogik im Sinne einer Friedenspädagogik.

Der amerikanische Soziologe Richard Sennett hat in seinem Buch „Respekt im Zeitalter der Ungleichheit" (Berlin ²2007, Orig. Respect in a World of Unequality, New York 2002) den Respekt zwischen gesellschaftlich Ungleichen als Grundlage gesellschaftlichen und menschlichen Lebens bezeichnet. Aber Respekt ist „knapp", in der Regel erhalten nur die Leistungsstarken Respekt, die Schwächeren finden lediglich Beachtung wegen ihrer Probleme und Nöte. Selbstachtung kann sich so bei den Schwächeren nicht entwickeln. Selbstachtung entsteht aus dem Respekt und der Achtung, die andere einem nicht wegen Defiziten, sondern um seiner selbst willen entgegenbringen. Sennetts These kann auch auf das Leben mit Kindern übertragen werden. Kinder können Selbstachtung nur entwickeln, wenn ihnen Respekt entgegengebracht wird, nicht weil sie die Schwächeren sind, sondern weil sie sie selbst sind. Hier liegt die gesellschaftspolitische, menschliche Bedeutung von Janusz Korczaks Pädagogik. Korczak setzt kein Programm durch und beurteilt Kinder nicht unter dem Gesichtspunkt dessen, was sie werden sollen, vielmehr bringt er ihnen selbst im Zusammenleben Achtung und Respekt entgegen. Das stärkt sie und bringt ihnen Lebensfreude.

Diplomtheologin Claudia Tost hat Korrektur gelesen, Friedrich Lux hat Korczaks Wiese ins Bild gefasst. Ihnen sei an dieser Stelle gedankt. Dem

Verlag Peter Lang, namentlich Herrn Dr. Benjamin Kloss, danke ich für die Aufnahme des Buches in das Verlagsprogramm.

Wie viele Gespräche, Anregungen und Auseinandersetzungen mit meinem kritischsten Gesprächspartner hinter der Endfassung dieser Aufzeichnungen stehen, mag der Leser erahnen. Unseren Kindern und Enkeln ist es gewidmet.

Leipzig, April 2015   Gunda Schneider-Flume

Inhalt

Einführung 11

I. Mehr als Ich – ein Mensch 17
1. Kinder sind Menschen 17
2. Geschichten 19
3. Das Leben – Geschenk? 19
4. Eltern und Kinder 22
5. „Ich weiß nicht." 24
6. Das Geheimnis Kind 25

II. Pädagogik der Achtung 29
1. Notizen zu Korczaks Lebensweg 29
2. Das Recht des Kindes auf den Tod 31
3. Das Recht des Kindes auf den heutigen Tag 32
4. Das Recht des Kindes, das zu sein, was es ist 34
5. Pädagogik der Achtung 37
6. Sami, der Seeelefant 40
7. Achtung und Respekt 41

III. Kinder können fliegen 43
1. Fliegen 43
2. Das Werden des Ich 45
3. Grenzen überspringen 48
4. Lachen 51

IV. Zeit – Geschenktes Leben 53
1. Der Vorrang des Heute 53
2. Zeit für Kinder – Zeit der Kinder 54
3. Zeitkonflikte 57
4. Festzeiten 59
5. Die Beständigkeit der Zeit 60

V.	Vom Schimpfen und von der Verantwortung	63
1.	Ein kindlicher Gebetswunsch	63
2.	Schimpfen I: Der Ton macht die Musik	63
3.	Selber machen: Verantwortung	66
4.	Kinderklagen	69
5.	Schimpfen II: Mit einer Prise Humor	70
6.	Verzeihen	72

VI.	Der Glaube an Gott und das Gebet	73
1.	Der betende Zweifler	73
2.	Der Stoßseufzer	73
3.	Gebet als Lebensraum	75
4.	Gott, der Himmel und das schwarze Loch	76
5.	Weißt du, wer dich straft?	78
6.	Gott gibt es nicht	79
7.	Dank aus erinnerter Freude	80
8.	Lebensperspektive in finsterer Zeit	80
9.	Beten, um standzuhalten	82
10.	Warum?	83

VII.	Sterben – Tod – Endlichkeit	85
1.	Unfassbar	85
2.	Verlassenheit	86
3.	Höllen	87
4.	Was hilft gegen die Angst?	87

VIII.	Noch einmal: Erziehen – mit Kindern leben	91
1.	Wozu?	91
2.	Der Vorrang der Gegenwart	92
3.	Religiöse Erziehung?	93

Einführung

Kurz vor der Geburt meines ersten Kindes las ich das mir empfohlene Buch „Wie man ein Kind lieben soll" von dem polnischen Arzt und Pädagogen Janusz Korczak. Ich kam mit meiner Lektüre lediglich bis zu Korczaks Erklärung der Kinderrechte: „Ich fordere die Magna Charta Libertatis als ein Grundgesetz für das Kind. Vielleicht gibt es noch weitere, ich aber habe diese drei Grundrechte herausgefunden:
1. Das Recht des Kindes auf den Tod.
2. Das Recht des Kindes auf den heutigen Tag.
3. Das Recht des Kindes, das zu sein, was es ist." (SW 4,45)
Erschrocken legte ich das Buch beiseite. „Das Recht des Kindes auf den Tod", diesen Gedanken wollte ich nicht begreifen, auch konnte ich ihn nicht aushalten. Ich hatte so viele gute Vorstellungen und Pläne, Hoffnungen und Wünsche für das Leben meines Kindes. Der Gedanke an den Tod hatte darin keinen Platz. Das von Korczak formulierte Recht erschien mir als Forderung unerträglich. Es brauchte Jahre des Zusammenlebens mit meinen Kindern und eine intensive Beschäftigung mit den Gedanken von Korczaks Pädagogik, bevor ich die Magna Charta Libertatis als ein Grundgesetz für das Kind verstehen konnte.

Zunächst musste ich lernen, dass die Rede von „meinem Kind" nur sehr begrenzt zutreffend und berechtigt ist. Gewiss wird eine Mutter gerade während der Schwangerschaft von „ihrem" Kind reden, und zugleich muss sie schon da erkennen, dass dieses Kind niemals nur „ihr" Kind ist, sondern dass es ein eigenes Leben ist, von vielen Ahnen und alten Geschichten aus vergangenen Zeiten und von vielen Menschen einst und heute bestimmt, ein Mensch mit eigenem Weg und mit einem sich bald selbstständig ausbildenden Willen.

Diese Einsicht ist der Beginn der Achtung vor deinem Kind, es ist der Beginn des Respekts vor einem Menschen. Diese Einsicht steht gegen den Wunsch nach einem „bequemen" Kind (SW 4,19), oder, wie es heute heißt, nach einem „pflegeleichten" Kind.

„Kinder wollen lachen, rennen, übermütig sein. Erzieher, wenn für dich das Leben ein Friedhof ist, so erlaube wenigstens ihnen (den Kindern,

G. S.-F.), das Leben für eine Wiese zu halten." (SW 4,187) So ermahnt Janusz Korczak Erzieher, Menschen, die mit Kindern leben. Auch für Eltern gilt diese Aufforderung, denn das Verständnis des Lebens bestimmt das Zusammenleben mit Kindern. Korczaks Lebensverständnis ist seiner jüdischen Herkunft entsprechend von der jüdisch-biblischen Tradition geprägt. Auch ich bin in der Auslegung des christlichen Glaubens der biblischen Tradition verpflichtet. Deutlich ist aber, dass es bei Korczak nicht um jüdische Erziehung im Sinne der Einübung einer Religion geht, ebenso wie ich von mir nicht sagen kann, dass ich christliche Erziehung in dem Sinne der Einübung in eine Religion vertrete. Bestimmend für das Zusammenleben mit Kindern ist das Lebensverständnis, und dafür gibt es keine reichere Quelle als die biblische Tradition.

Die von Korczak immer wieder zitierte Wiese schenkt Duft und Farben, sie gibt Raum für Bewegung und Spiel, sie ermöglicht Freude und Genuss, sie provoziert Entdeckergeist und Unternehmungslust, kurz, eine Fülle von Möglichkeiten, Freiheit. Korczak konnte die Freude an der Natur, an Sonnenuntergängen, an Blumen, Grillen, Glühwürmchen, Schmetterlingen und Lerchen genießen, und er vermittelte den Kindern diese Freude, indem er zusammen mit ihnen Natur erlebte, einen Regenbogen beobachtete, nach den Sternen schaute.

Leben ist Teilnahme, Freude am Leben, Genuss, Begeisterung, ebenso wie Trauer und Leiden. In Jubel und Dank und in Klage wird das laut. Korczak richtete Dank und Klage an Gott, ohne dass er an eine Religionsgemeinschaft gebunden war. „Dank Dir, guter Gott, für die Wiese und die bunten Sonnenuntergänge, für das frische Lüftchen am Abend nach einem heißen Tag der Mühsal und Arbeit. Guter Gott, der Du es so weise eingerichtet hast, daß die Blumen duften, die Glühwürmchen auf der Erde leuchten, die funkelnden Sterne am Himmel." (SW 15,299)

So schreibt Korczak 1940 im ersten Teil seines Tagebuches im Warschauer Ghetto, in Erinnerung an die gegen die Ghettowirklichkeit stehenden Naturerlebnisse, in Erinnerung an Natur und genossene Freiheit und im Vertrauen auf das ihm geschenkte Leben. Er schreibt das zur Widerlegung des Lebensverständnisses von Nietzsches Zarathustra. Lebensfreude und Dank macht er geltend gegen die Lebensentzweiung, die er bei Nietzsche bemerkt. Auch er habe von Zarathustra gelernt: „Weise sind seine Geheimnisse, eine Bürde, hart und unerbittlich ..." Aber er, Korczak, habe anderes von Zarathustra gelernt als Nietzsche: „In einem stimmen wir überein: Der Weg des Meisters und der meine, des Schülers – sie waren beschwerlich. Weitaus mehr Niederlagen als Erfolge, viele Biegungen, also vergeudete Mühe und Zeit, vergeudet nur dem Scheine nach. Denn zur Stunde der Abrechnung bin ich" – anders als Nietzsche – „… auf einer fröhlichen Wiese…" (SW 15,298f.)

Es ist der Dank, der den Lebensgenuss ermöglicht. Leben kann als Geschenk wahrgenommen werden. Dank, Lebensfreude und der Geschenkcharakter des Lebens lassen dem alten Janusz Korczak Leben letztlich dennoch als wundervolle Wiese erscheinen.

Erziehen heißt: mit Kindern leben und ihnen die Augen öffnen für die Schönheit und die Möglichkeiten dieser Wiese. So werden Kinder bereichert durch den Dank für das Leben und die Freude, denn Freude und Dank intensivieren das Leben.

Kinder sind Menschen, sie brauchen Raum und Zeit, und sie haben Rechte. Sie stellen Ansprüche, sie sind ein forderndes Gegenüber, sie fragen und fragen, und sie wünschen sich Antworten, Mitdenken und Mitmachen. Sie wollen nicht in einem sterilen Schutzraum kindlicher Abgeschiedenheit leben. Korczak entdeckt, „daß es das erste und unbestreitbare Recht des Kindes ist, seine Gedanken auszusprechen und aktiven Anteil an unseren Überlegungen und Urteilen in Bezug auf seine Person zu nehmen." (SW 4,45) Doch das ist anstrengend für Eltern und Erzieher, deshalb werden Kinder oft dahin abgestellt, wo sie nicht fragen, wünschen und mitdenken können, und wo ihr Recht, selbstständig und verantwortlich leben, handeln und denken zu können, beschnitten ist.

Aber Leben fordert Verantwortung. Kinder wünschen sich Freiraum, sie wollen sich ebenso entfalten und verwirklichen wie ihre Väter und Mütter. Auch dazu haben sie das Recht. Sie übernehmen Pflichten und Verantwortung, wenn man sie nur lässt, daran haben sie Freude und daran wachsen sie.

Kinder haben einen Willen, einen eigenen Willen. Oft steht dieser Wille gegen den Willen von Eltern oder Erziehern. Welcher Wille setzt sich durch? Eltern wollen etwas aus ihren Kindern machen. Häufig wird Erziehen so verstanden: eine Persönlichkeit formen und etwas aus einem Kind machen. Ideale und Vorbilder sind leitend. Das ist meist gut gemeint, aber wenn ein Wille gegen einen anderen stößt, geht das nicht immer gut.

Erziehen heißt miteinander leben. Deshalb ist Erziehung ein gegenseitiger Prozess: Auch Eltern und Erzieher lernen und werden erzogen von ihren Zöglingen.

Leben braucht Zeit, viel Zeit. Kinder brauchen Zeit. Zeit ist die geschenkte Bedingung des Lebens. Wie viel Zeit nehme ich für mich? Wie viel Zeit bekommt das Kind? Wer bestimmt das? Gesellschaftliche Vorbilder und Zwänge legen das fest. Welche Wege muss ein Kind gehen? Welchen Institutionen wird es anvertraut? Das Kind muss funktionieren. Damit es funktioniert, gibt es im Laufe der Zeit viele kleine Belohnungen, die ein Kind anspornen sollen. Belohnungen sind die gefährlichen Verführer. Aber sollen Kinder funktionieren? Gewiss ist ein Kind, das nicht nach dem Willen der Erzieher funktioniert, sondern selber will, anstrengend. Aber die Vorstellung, dass Kinder funktionieren müssen, schränkt die Freiheit ein.

Erziehen heißt: mit Kindern zusammenleben, denn Kinder lernen und leben das, was sie bei ihren Eltern und Erziehern erfahren, was diese ihnen vorleben und erzählen, welches Verständnis von Leben sie ihnen einflößen. Im Verstehen des Lebens meldet sich das Geheimnis: Leben ist Geschenk, es ist nicht von Menschen gemacht, es ist nicht Verbrauchsgut, und es ist auch nicht Fluch, wenngleich diese Deutungen allenthalben begegnen. Die biblische Tradition spricht davon, dass Erbarmen Raum und Zeit schenkt und Leben aus dem Nichts heraushält. Gott meldet sich im Leben als Geheimnis. Geschichten erzählen das. Janusz Korczak rührt immer wieder an das Geheimnis des Lebens, in eigentümlich weltlicher Weise spricht er vom menschlichen Wesen: „Aus Staub ist es entstanden, aber Gott hat in ihm Wohnung genommen." (SW 4,12)

Im Leben erfahren Menschen Anerkennung als Person. Das Strahlen auf dem Antlitz der Mutter oder des Vaters ist erstes Zeichen von Anerkennung, die ein Kind bestärkt und wachsen lässt. Durch den anerkennenden Blick entsteht Vertrauen zum Leben, zu Menschen und zu eigener Verantwortung. Da wird die kleine Persönlichkeit provoziert zu Selbstbewusstsein, Leistung und Selbstständigkeit sowie zur Übernahme von Pflichten. Alle liebevolle Anerkennung kann nach der alten Geschichte als Abglanz des leuchtenden Antlitzes Gottes verstanden werden. Menschen leben von dieser Anerkennung, dem Ja, das ihnen zu Beginn des Lebens zugesprochen wird.

Als Person steht ein Kind mir gegenüber. Es fordert mich und fördert mich, denn Gemeinschaft bereichert. Ein Kind ist der Reichtum des Lebens, Fülle, Freude, aber auch Angst und Sorge. Was wird im Leben aus ihm werden? Nach biblisch-christlichem Verstehen wurde Gott weltlich konkret als Kind. Mit dem Kind in der Krippe feiern Christen die Ankunft Gottes zu Weihnachten. Kinder, die Gott gegenüber keine Bedingungen erfüllen und nichts leisten können, sind der Gotteswirklichkeit am nächsten: „Wahrlich, ich sage euch: Wer das Reich Gottes nicht empfängt wie ein Kind, der wird nicht hineinkommen" heißt es im Evangelium des Markus. Kinder vermögen, sich Leben schenken zu lassen. Ob sich Erwachsene darauf einlassen können? Gott ist der Name für das Geschenk des Lebens.

Kinder sind Mühe und Last, sie brauchen Zeit, viel Zeit und Kraft. Vermeintlich schränken sie die eigene Karriere ein. So hat man sich das nicht vorgestellt, als man sich ein Kind wünschte. Gewiss ändern sich Berufswege durch Kinder. Ob wohl die Bereicherung durch das geschenkte Leben von Kindern auch als Gewinn betrachtet werden kann?

Inzwischen sind die Werke von Janusz Korczak, der 1878 oder 1879 als Henryk Goldszmit in Warschau geboren wurde und 1942 in Treblinka ermordet wurde, publiziert und übersetzt. 1912 hatte er seine Tätigkeit als Arzt aufgegeben, um als Mensch und Pädagoge die Leitung des jüdischen Waisenhauses in Warschau zu übernehmen, die er 30 Jahre lang ausübte. Während dieser Zeit hat er seine Beobachtungen und Erfahrungen im Zusammenleben mit Kindern veröffentlicht. Schon vorher war er mit gesellschaftskritischen Beiträgen in Zeitschriften und mit Kinderromanen bekannt geworden.

Seine pädagogischen Anregungen sind weltweit anerkannt. Aber Korczak gibt keine Rezepte. Es gibt keine Rezepte für das Zusammenleben mit Kindern. Kinder sind Menschen, sie dürfen nicht programmiert werden. Leitend ist das Lebensverständnis. Im Gespräch mit Korczak kann ein Lebensverständnis angeregt werden, das für Eltern, Erzieher und Kinder bereichernd ist. Die Lektüre der Arbeiten Korczaks hat mich beim Zusammenleben mit meinen Kindern und später auch mit den Enkeln immer wieder angeregt und gelegentlich heilsam unterbrochen. In dem vorliegenden Büchlein habe ich persönliche Erfahrungen und Gedanken darüber aufgezeichnet.

I. Mehr als Ich – ein Mensch

1. Kinder sind Menschen

Ein Kind – ein Wunder, dieses kleine Bündel, ein Mensch, nicht ein Wesen, das erst in Zukunft ein Mensch sein wird, den wir erst schaffen müssen, sondern schon jetzt ein Mensch, der unsere Anerkennung verlangt, unseren Respekt verdient, unsere Liebe braucht.

Ein Kind – das ist „Wasser und eine Handvoll Kohle, Kalk, Stickstoff, Schwefel, Phosphor, Pottasche, Eisen..." sagt der Arzt und Pädagoge Janusz Korczak. (SW 4,12)

> „Unter Millionen Menschen hast du noch etwas geboren – was? – ein Hälmchen, ein Stäubchen – ein Nichts. ...
> In ihm ist etwas, das fühlt, fragend forscht – leidet, wünscht, sich freut, liebt, vertraut, haßt – glaubt, zweifelt, an sich zieht und abstößt.
> Dieses Stäubchen umfasst mit dem Gedanken alles: Sterne und Ozeane, Berge und Abgründe. ... Da haben wir den Widerspruch im menschlichen Wesen: Aus Staub ist es entstanden, aber Gott hat in ihm Wohnung genommen." (SW 4,12)

Aus dieser Erkenntnis heraus entwickelt Korczak die These, die seine gesamte Arbeit und alle seine Werke bestimmt, dass Kinder nicht erst zu Menschen werden, sondern dass sie es bereits sind,

> „ja sie sind Menschen und keine Puppen; man kann an ihren Verstand appellieren, sie antworten uns, sprechen wir zu ihren Herzen, fühlen sie uns. Kinder sind Menschen, in ihren Seelen sind Keime aller Gedanken und Gefühle, die wir haben, angelegt. Deshalb muß man diese Keime entwickeln, ihr Wachstum einfühlsam lenken." (SW 9,50)

Doch der Pädagoge stellt auch fest, wie Kinder verdrängt werden, damit Erwachsene sich und ihre Probleme ausbreiten können. In dem Roman „Wenn ich wieder klein bin" erinnert sich Korczak und fühlt sich empathisch in die Situation von Kindern ein. Aus der Perspektive des wieder klein Gewordenen, stellt er fest:

> „Es ist bitter, daß alle unsere Angelegenheiten so rasch und wie nebenbei erledigt werden, daß unser Leben, unsere Kümmernisse und Mißerfolge für die Erwachsenen nur eine Zugabe zu ihren wirklichen Sorgen sind. Es gibt anscheinend zwei Arten von Leben: das ihre – ernstzunehmende, das Achtung verdient, und das unsere, eine Art Scherz. Kleiner und schwächer, sind wir nur so eine Art Spielzeug." (SW 3,270)

Wenn Ernst und Scherz nicht zusammengehören, gilt die falsche Unterscheidung zwischen „richtigem" und „noch nicht richtigem" Menschen, zwischen angeblich eigentlichem und uneigentlichem Leben, zwischen Kümmernissen und schweren ernsten Sorgen. Diese Unterscheidung rechtfertigt jede Gleichgültigkeit gegenüber Kindern. Wer weiß, wie schwer die Sorgen von Kindern sind und wie belastend die Kümmernisse. „Unsere Kinderjahre – das sind wirkliche Lebensjahre" (SW 3,271) eines Menschen. Es gibt kein uneigentliches Leben und keine uneigentlichen Tage und keine „noch nicht Menschen". Kinder sind Menschen. Auf das Wachsen und Werden von Kindern trifft die Kritik am „Jargon der Eigentlichkeit" zu. In keinem Lebensstadium sind Kinder „uneigentlich". Zwar werden sie oft auf diese Weise beiseitegeschoben, aber wer dürfte die Unterscheidung zwischen eigentlich und uneigentlich treffen?

Ein Kind von acht Jahren spricht nach langem Nachdenken ein Gebet. Vorsichtig fragt es zunächst, ob es ein Gebet sagen darf, das es sich selbst lange „unter der Dusche und auf dem Schulweg ausgedacht hat": „Gott, ich freue mich, dass ich ein Mensch bin, dass ich nicht nur meine Gedanken, meine Hoffnungen, mein Glaube und meine Seele bin, sondern dass ich ein Mensch bin, ein richtiger Mensch! Das hab ich mir schon oft auf dem Schulweg gedacht, dass ich ein richtiger Mensch bin, dass ich der Valentin bin!"

Ein richtiger Mensch, was ist das? Ein Kind ahnt: nicht nur Denken und Intellekt, nicht nur Gefühl, Hoffnung, Angst, die Seele, was auch immer, ein richtiger Mensch mit allem, was zu mir gehört, samt meinem Namen. Ein Kind bemerkt auch, wenn es alle Tage nur als „noch nicht" Mensch gilt. Aber gelegentlich bricht Freude auf. Der Junge betet: Ich freue mich. Kennt er das Gegenüber, das er mit dem selbsterdachten Gebet anspricht? Kennt er das Gegenüber, das sein Gebet provoziert? Offensichtlich weiß er, dass er seine Freude aussprechen, einem Gegenüber mitteilen kann. Mit seiner Freude geht er über sich hinaus. Ein Mensch, mehr als er selbst. Ursprüngliche Freude, Antwort auf erste Anrede. Auf dem Gesicht eines Säuglings kann man sie erkennen, wenn das Kind auf den Anblick des mütterlichen Antlitzes antwortet. Anfänge der Geschichte Mensch: Freude als Antwort auf Anrede. Das ist die Macht der Kinder und Säuglinge. Die Alten nannten es Lob. Ohne das Gegenüber Gott ist ein Kind, ein Mensch nicht zu denken.

2. Geschichten

Weit zurück reichen die Anfänge der Geschichte Mensch „bis ans Ende der Zeiten in der Vergangenheit", und „bis ans Ende der Zeiten in der Zukunft". Alle Zeit umfassend, „in Ewigkeit" heißt es in der biblischen Tradition.

Die Geschichte Mensch ist in viele Geschichten verstrickt. Kein Kind, kein Mensch ist Solitär. Vereinzelt und isoliert wird ein Mensch nur von isolierten, vereinzelten Erwachsenen. Wie viele Geschichten laufen auf die Geburt eines Kindes zu. Nicht zufällig haben Dichter deshalb auch den Einfluss der Planeten erwähnt: „Wie an dem Tag, der dich der Welt verliehen, die Sonne stand zum Gruße der Planeten..." Viele Geschichten, Natur und Umwelt, Tradition und viele Menschen spielen in das Leben eines Neugeborenen hinein. In alle Geschichten spielt die große Geschichte hinein, die Leben schafft und trägt und Freude provoziert.

Gott – der Name der großen Geschichte, die Leben schafft und trägt und Freude provoziert. Ich freue mich, dass ich ein Mensch bin.

Aber nicht alle Geschichten machen Freude. Es gibt zerstörerische Geschichten und Hassgeschichten unter Menschen, Geschichten, die einschränken und die Luft wegnehmen, Neid und Rivalität säen, Geschichten der kleinen Tode, die alle Tage Lebensfreude verhindern, Geschichten der Lebensvernichtung. Wie oft wird Kindern Leben so gestaltet oder zerstört. Man mag nicht mehr an Freudengeschichten denken.

Doch es gibt Unterbrechungen, ein Spalt Hoffnung, ein Lichtglanz, eine neue Perspektive. Das Kind springt wieder, getröstet vom Vater oder von einer Freundin, die einen tröstet, wie einen seine Mutter tröstet. „Machen wir wieder Frieden? Jetzt bist du wieder freundlich." So kommt die vorsichtige Annäherung eines Kindes, das Zorn und Streit nicht aushält. Welche Geschichte lebst du mit deinem Kind?

3. Das Leben – Geschenk?

Gott – der Name der Geschichte, in der Leben geschenkt ist mit Raum und Zeit. Ein Kind, ein Mensch – Geschenk, Gabe, nicht Produkt oder Machsal. Biologische Herkunft und Entwicklung können das Wunder nicht verdecken: Geschenk, gratis. Deshalb ist das Leiden am unerfüllten Kinderwunsch groß.

Was aber mache ich mit dem Kind? Wie lebe ich mit ihm? Mache ich etwas aus ihm? Forme und gestalte ich es nach meinem Willen, nach meinen Wünschen, Vorstellungen und Hoffnungen? Eltern haben oft große Pläne mit „ihrem" Kind. Sie ebnen Wege und eröffnen Chancen, sie wecken Interessen und trainieren Fähigkeiten. Ein Vater legt seinem Sohn einen Golfschläger in das Laufställchen, wie es von Tiger Woods berichtet wird. Was man nicht von früh an übt, kann sich, so heißt es, nicht entwickeln. Aber ist ein Kind seinen Eltern anvertraut, damit es erreicht, was diese selbst nicht geschafft haben?

Doch bevor Kinder durch Erziehung in ihren Begabungen und Talenten gefördert werden, und ihr Weg bestimmt wird, gilt es, das Kind so anzunehmen, wie es selbst ist. Oft wird schon die Gabe nicht als Geschenk akzeptiert. Nein danke, so haben wir uns unser Kind nicht vorgestellt, so haben wir es uns nicht gewünscht! Deshalb wird vorgeburtlich nach dem Wunsch der Eltern eugenisch gestaltet und manipuliert. Auf ein Geschenk will man sich nicht verlassen. Man nimmt lieber selbst in die Hand und plant eigenständig, was als Geschenk nicht erwünscht oder nach den eigenen Wünschen nicht gut genug sein mag: Geschlecht, IQ, Größe, Sportlichkeit, Haarfarbe, Gesundheit, so präzise wie möglich bestimmt und berechnet soll „mein" Kind sein.

Es gibt Firmen, die mit dem Angebot von ausgewählten Samenzellen oder von Eizellen bestimmter junger Frauen mit den erwünschten Genen präzise auf die Wünsche nach dem Kind mit den verlangten Eigenschaften eingehen. Was geschieht da? Eine ganze Dimension des Lebens geht verloren, wenn der Geschenkcharakter des Lebens überspielt und durch elterliche Macherschaft ersetzt wird, wenn ein Kind genetisch optimiert wird nach elterlichen Wünschen. Auch autoritäre Staaten könnten so tätig werden. – Ich freue mich, dass ich ein Mensch bin?

Der amerikanische Philosoph und Ethiker Michael J. Sandel sieht in der genetischen Optimierung den „Sprung zur Beherrschung".

> „Und was dieser Sprung zur Beherrschung übersieht und vielleicht sogar zerstört, ist eine Wertschätzung der geschenkten Natur menschlicher Fähigkeiten und Erfolge.
> Den Charakter des Lebens als Gabe anzuerkennen, heißt zu erkennen, dass unsere Talente und Fähigkeiten nicht allein unser Tun sind, ja, dass sie uns nicht

einmal ganz gehören, trotz der Anstrengungen, die wir unternehmen, um sie zu entwickeln und einzusetzen."[2]

Die Unverfügbarkeit des gegebenen Lebens wird durch eugenische Planung verletzt. Der Charakter des Lebens verändert sich, wenn die Dimension der Gegebenheit des Lebens (Sandel spricht von giftedness), die Tatsache, dass Leben Gabe, Geschenk ist, zugunsten menschlicher Macherschaft verdrängt wird. Die Gabe ist vergessen. Vergessen ist das alte Wort: „Ich danke dir, das ich wunderbar gemacht bin", das jedem Menschen gilt, auch dem Krüppel. Heute müssten die Macher sich selbst preisen. Einst pries in existentialistischem Stolz Jean Paul Sartre sich selbst:

> „Ich konnte nicht zulassen, daß man das Sein von außen empfängt, daß es sich durch Untätigkeit erhält und daß seelische Erregungen das Ergebnis vorangegangener Erregungen sein sollen. Da ich aus Zukunftserwartung geboren war, trat ich strahlend und total in Erscheinung, und jeder Augenblick wiederholte die Zeremonie meiner Geburt: ich wollte in den Empfindungen meines Herzens ein knisterndes Feuerwerk erblicken. Wieso hätte mich die Vergangenheit bereichern sollen? Sie hatte mich nicht geschaffen. Umgekehrt: ich selbst stieg aus meiner Asche empor und entriß dem Nichts das Gedächtnis an mich in einem stets neuen Schöpfungsakt."[3]

Ich selbst bin es, der mich geschaffen hat. Ist das existialistisches Schöpferpathos oder Wahn? Bald werden Kinder ihre Eltern fragen müssen, ob sie die richtigen genetisch programmierten Eigenschaften ausgewählt haben. Werden sie die elterlichen Macher preisen oder werden sie beklagen, dass sie selbst doch so, wie ausgewählt, auf keinen Fall aussehen und existieren wollten?

Leben als Geschenk anzunehmen und seine Gegebenheit zu akzeptieren, heißt immer auch, die Freiheit, leben zu dürfen, zu erkennen. Leben ist nicht nur Zwang und Muss, sondern Gabe und Dürfen. Kindern diese Dimension des Lebens zu vermitteln und zu erhalten, ist erste Aufgabe des Zusammenlebens mit Kindern, *vor* allem Training und *vor* aller Förderung.

Ob diese Dimension des Dürfens am Tage zur Geltung kam, kann man abends auf den Gesichtern von Kindern ablesen: Ich freue mich, dass ich

---

2 Michael J. Sandel, Plädoyer gegen die Perfektion, Berlin 2008, 48 (Original: M. J. Sandel, The Case against Perfection, Havard 2007).
3 Jean-Paul Sartre, Die Wörter, Hamburg 1965, 181 (Original: J.-P. Sartre, Les Mots, Paris 1964).

ein Mensch bin. „Ich danke dir für diesen schönen Tag." Das strahlt einem entgegen. Oder es wird nur für einen „mittelschönen" Tag gedankt, weil es zu viele Einschränkungen und Enttäuschungen gab.

4. Eltern und Kinder

Ein Kind – ein Mensch. Die Anrede verleiht ihm Würde, der Blick Glanz und Strahlen, das erste Lächeln. Vorgegeben sind Raum und Zeit, in denen ein Kind gedeihen kann. Was machen wir daraus?

Mein Kind – mein Besitz

Ich behüte *mein* Kind wie meinen Augapfel. Ich bewache seine Entwicklung und halte alle schlechten Einflüsse fern. – Janusz Korczak erzählt, dass er, als Sohn einer wohlhabenden Rechtsanwaltsfamilie, in einer vornehmen Wohnung, in einem „guten" Hause in Warschau wohnend, nicht mit den Kindern des Hausmeisters im Hinterhof spielen durfte! In Korczaks Pädagogik und für seinen Lebensweg hat das eine ganz andere Wirkung entfaltet, als seine Eltern es geplant hatten.

Die Warnung, dass man nicht mit allen Kindern spielen dürfe, galt nicht nur in den 80er Jahren des 19. Jahrhunderts. „Spiel nicht mit den Schmuddelkindern" sang ein Liedermacher in den 1960er Jahren und kritisierte damit die Spießigkeit der Gesellschaft, in der Kinder von Kindern getrennt werden sollten. – Schutz vor schädlichem Einfluss auf *mein* Kind, das ist meine Aufgabe, so mag manch einer denken. Ich bin dafür verantwortlich. Ich scheue keine Mühe und suche unter Aufbietung aller Kräfte nur das Beste für *mein* Kind. Ich bestimme, ich weiß das Richtige und wo ich nicht weiß, suche ich mir die besten Ratgeber. Genauestens lege ich die Zeiteinteilung für *mein* Kind fest. Ich wähle die kompetentesten Betreuer neben mir, die hervorragendste Schule, die einzig passende Freizeitbeschäftigung, den richtigen Berufsweg. Ich will ja nur das Beste. – Ob das gelingt? Der geheime Ratgeber auf der Suche nach allerbesten Wegen ist oft die Angst.

Hat auch das Kind selbst einen Willen? Lehnt es sich auf gegen so vollkommene, scheinbar perfekte Fürsorge? Will es selbst Erfahrungen machen, Entscheidungen treffen? Darf es *eigene* Zeit haben? Aber es ist doch *mein* Kind.

Das Kind – die schwere Last

„Ich bin, als ich sechs Wochen alt war, in die Kita gekommen, und es hat mir nichts geschadet. Von 6 Uhr früh bis 18 Uhr konnte man mich abgeben, unter Umständen sogar am Wochenende. Und jetzt habe ich für mein sechs Monate altes Kind keinen Kitaplatz. Wie soll ich das schaffen? Ich habe keine Zeit", lamentiert eine junge Studentin. So klagt eine Mutter, für die das Kind eine schwere, viel zu schwere Last ist. Da bleibt „geschenkte Zeit" eine Illusion, und die Mutter oder der Vater werden zum Abbild von gehetzten Lastenträgern mit dem Kind im Rucksack. Rucksack-Eltern und Rucksack-Kinder, in den Gesichtern steht die Schwere der Last geschrieben. Keine Zeit zum Spielen, keine Zeit zum Arbeiten, keine Zeit zum Leben. Kann ein Kind befreit werden aus der Einschnürung in „keine Zeit"? Oder wird es vernachlässigt werden, weil keine Zeit da ist? Die Schwierigkeit der Vereinbarung von Studium und Kleinkind oder von Beruf und Kind kann man sich gar nicht groß genug vorstellen. Warum aber müssen immer die Kinder die Leidtragenden sein, denen die Zeit weggenommen wird, die keine eigene Zeit bekommen? Ein Kinderleben braucht sehr viel Zeit zum Leben und zum Spielen.

Kinder werden zu Straßenkindern, „weil kein Erwachsener Zeit hat, sich mit ihnen zu beschäftigen und ihnen zu sagen, was gut und was schlecht ist." Das lässt Korczak den Jungen Wladek in der Erzählung „Ruhm" feststellen. (1. Aufl. 1913; SW 10,282)[4] Wladek, der wegen der Arbeitslosigkeit des Vaters nicht mehr in die Schule gehen kann, muss auf seine kleineren Geschwister aufpassen. Aber stattdessen lernt er bei seinem Freund Olek und verdient außerdem Geld in der Seifenfabrik. Darüber vernachlässigt er seine Geschwister. Aus der Not heraus beschließen die Kinder nun selbst, einen „Bund der Ritter der Ehre" zu gründen, einen Selbsthilfebund für die Bildung und Beaufsichtigung der Kinder der Straße. Sehr optimistisch und geradezu utopisch erscheint das. Korczak will damit die Selbstständigkeit von Kindern fördern, die ihrem Leben und ihrer Zeit Regeln geben und sich befreien von der Vernachlässigung durch die Erwachsenen. Der Kinderroman schließt mit der

---

[4] Vgl. dazu: Silvia Ungermann, Die Pädagogik Janusz Korczaks. Theoretische Grundlegung und praktische Verwirklichung 1896–1942, Gütersloh 2006, 219.

Aufforderung: „Kinder! Habt hohe Ziele, große Träume und strebt nach Ruhm. – Irgend etwas wird immer daraus." (SW 10,299)

Ein Kind zur Selbstverwirklichung

„Diese Erfahrung lasse ich mir auch noch zugute kommen: eine Schwangerschaft und ein Kind." So erklärte eine im Beruf erfolgreiche junge Frau. Das eigene Kind muss Erfolg, Karriere und Selbstverwirklichung noch vervollkommnen. Ob der Anblick des kleinen Menschenkindes die Perspektive des Geschenkcharakters eines Kindes noch in die Karrierebiographie einspielen kann?

Kinder sind häufig der Stolz der Eltern, auch tragen sie zu so etwas wie Selbstverwirklichung ihrer Eltern bei, aber sie verkümmern, wenn sie das ausschließlich tun sollen. Wie viel Kraft, Mühe und Zeit schenken Eltern oft ihren Kindern. Aber Kinder sind selbst Menschen. Sie brauchen eigene Zeit und müssen eigene Ziele verwirklichen. Kinder sind Menschen, selbstständig stehen sie auch Eltern und Erziehern gegenüber. Hat man es nicht schon erlebt, dass ein Kind im Alter von etwa zweieinhalb Jahren mit aller ihm zur Verfügung stehenden stampfenden Körperkraft seinen Willen zu artikulieren versucht: „Selber machen!" Ich bin doch viel mehr, als du denkst. Ich habe doch auch ein Wollen.

Das Kind – ein Zufall

Ein Kind kommt dir zu, ungeplant, oft ungewollt, das ist die von Menschen gewirkte Geworfenheit. Das Kind nimmt Leben in Anspruch, Zeit und Raum sind ihm vorgegeben, Zeit und Raum musst auch du ihm vorgeben. Es bringt deine Pläne durcheinander. Wie wird man damit umgehen? Wird dem Kind Liebe begegnen? Wird man erfahren, dass Erziehen heißt: Miteinander leben? Nicht mehr, aber auch nicht weniger.

5. „Ich weiß nicht."

„›Ich weiß nicht‹ – das ist in der Wissenschaft der Ur-Nebel, aus dem die sich neu formenden Gedanken auftauchen, und sie kommen der Wahrheit immer näher. ›Ich weiß nicht‹, das ist für den mit dem wissenschaftlichen Geist nicht vertrauten Geist eine quälende Lehre." Aber: „Das schöpferische ›Ich weiß nicht‹ des modernen Wissens vom Kind ist wunderbar, voller Lebendigkeit, voller hinreißender Überraschungen – und ich möchte lehren, es zu verstehen und zu lieben." (SW 4,10)[5]

Das ist das Bekenntnis des Arztes und Pädagogen, Janusz Korczak: „Ich weiß nicht". Die Ehrfurcht vor dem Kind, vor dem Menschen ist in dem „Ich weiß nicht" beschlossen. Das Kind ist die unbekannte Größe, fragend und forschend steht Korczak vor jedem Kind, vor jedem echten Gespräch. Ein Kind ist viel mehr als unsere Vorstellung von einem kindlichen Ich.

Bekannter ist die andere Haltung: „Ich kenne mein Kind. Ich weiß doch, was es denkt und fühlt. Ich weiß, was mein Kind will und braucht." Das ist die allwissende Überlegenheit von Eltern und Erziehern, die ihr Kind zu durchschauen meinen und das zu wissen vorgeben, was ein Kind wollen soll. Noch allgemeiner heißt es: „Ich weiß doch, wie Kinder so sind." Ein Urteil, mit dem Erwachsene sich vor Überraschungen schützen, ein Vorurteil, das jedes echte Gespräch mit einem Kind unmöglich macht, denn wenn man schon alles weiß, kann man einem Kind nicht mehr fragend und staunend gegenüberstehen. In der Regel spüren Kinder das und geben deshalb der Einfachheit halber nur die erwarteten Antworten. Sie fügen sich in die Schablone des unmündigen Kindes. Aber Kinder sind Menschen, Personen.

6. Das Geheimnis Kind

„Ich weiß nicht" – in dieser Feststellung äußert sich bei Korczak der Respekt vor dem Geheimnis Kind. Ob Eltern und Erzieher die Zeit aufbringen und warten, bis sich etwas von dem Geheimnis erschließt? Geheimnisse brauchen Zeit. Oder werden Erwachsene kurz entschlossen zu Machern, die „ihr" Kind festlegen, formen, bestimmen? Aber Kinder suchen Freiheit.

Ein Kind lebt wie jeder Mensch von Vorgaben, die auch den Eltern und Erziehern unverfügbar sind. Korczak hat das in dem Abschiedsgruß an die Zöglinge des Waisenhauses formuliert:

> „Wir nehmen Abschied von allen, die uns schon verlassen haben oder bald weggehen werden, um nicht mehr zurückzukehren. Vor einer langen und weiten Reise

---

5 Vgl. dazu: Friedhelm Beiner, Was Kindern zusteht. Janusz Korczaks Pädagogik der Achtung. Inhalt – Methoden – Chancen, Gütersloh 2008, 100f.

nehmen wir Abschied. Diese REISE heißt – das LEBEN. Viele Male haben wir darüber nachgedacht, wie wir sie verabschieden sollen, welche Ratschläge wir geben sollen. Leider, Worte sind arm und schwach. Wir geben euch nichts.

Wir geben euch keinen GOTT, denn ihr müßt IHN selbst in der eigenen Seele, in einsamer Bemühung, suchen.

Wir geben euch kein VATERLAND, denn ihr müßt es mit eigener Anstrengung des Herzens und der Gedanken finden.

Wir geben euch keine Menschenliebe, denn es gibt keine Liebe ohne Verzeihung, und verzeihen – das ist mühselig, das ist eine Mühe, die jeder selbst auf sich nehmen muß.

Wir geben euch eines: Die Sehnsucht nach einem besseren Leben, das es nicht gibt, aber einmal geben wird, nach einem Leben der WAHRHEIT und GERECHTIGKEIT.

Vielleicht wird euch diese Sehnsucht zu GOTT, zum VATERLAND und zur LIEBE führen. Lebt wohl, vergeßt es nicht." (Berichte und Geschichten aus den Waisenhäusern, Aus dem Dom Sierot 1913–1926; SW 13,370)

Die Abschiedsworte galten Kindern, die nach jahrelangem, wohl behütetem und geplantem Lebensweg den Schutzraum des Waisenhauses verließen und in die Selbstständigkeit gingen. Sie waren 14 oder 15 Jahre alt und begannen eine Berufsausbildung. Nicht immer glückte der Übergang. Es wurde Kritik laut, dass die Kinder nicht genügend auf das Leben außerhalb der Oase des Waisenhauses vorbereitet worden wären.[6] Außerhalb des Dom Sierot wurde die Gerechtigkeit in der Gesellschaft nicht so vorbildlich gelebt wie im Waisenhaus. Aber soll man Heranwachsende auf kommende Ungerechtigkeiten vorbereiten, indem man ungerechte Zustände zuvor schon einmal gelten lässt und praktiziert? Soll man Kinder auf die Erfahrung von Lieblosigkeit und Bosheit hin trainieren, indem man diese Erfahrungen vorher einübt und Kindern gleichsam zur Probe Liebe entzieht? Oder muss das in der Kindheit erfahrene Maß an Gerechtigkeit, Liebe und Respekt ausreichen für ein Leben, damit es immer wieder rettend in der Erinnerung auftauchen und Lebenswirklichkeit neu verändern kann? Janusz Korczak ist diesen zweiten Weg gegangen und die meisten Zöglinge haben es ihm gedankt. Es gibt kein zu viel an Gerechtigkeit, Liebe und Respekt in der Kindheit, damit Kinder dann selbst ihren Weg gehen können.

---

6 S. dazu die Hinweise von Ungermann, Die Pädagogik Janusz Korczaks (Anm. 4), 200.

Die Zusammenordnung von Gott, Vaterland und Liebe, die zu Anfang des 20. Jahrhunderts durchaus üblich war, ist uns heute aufgrund des vielfältigen Missbrauchs von Vaterlandsliebe für den Nationalismus befremdlich. Darin muss man Korczak nicht zustimmen.

Aber Korczaks Worte können heute noch daran erinnern, dass Eltern und Erzieher keine Garantie für den „Erfolg" des Lebensweges ihrer Kinder geben können und geben dürfen. Ein Kind lebt von unverfügbaren Vorgaben. Das Geheimnis Mensch ist zum Kummer der Macher nicht planbar. Kinder sind „Mehr als Ich", sie leben in den Geschichten ihrer Zeit und ihrer Welt sowie in der großen Geschichte, die Raum und Zeit schenkt. Daher kommt ihnen Freiheit. „Ich freue mich, dass ich ein Mensch bin!"

In Korczaks Abschiedsrede an die erwachsen werdenden Kinder ist Gott als Grenzbegriff genannt. So wird er den Zöglingen mitgegeben für alle Tage, um möglicherweise in bestimmten Lebenssituationen wieder lebendig und nahe erinnert zu werden. Ein Mensch betet nicht alle Tage, aber, wenn Beten einmal erfahren ist im Leben, wird sich je und dann ein Gebet einstellen. Auch die Erinnerung an den Grenzbegriff kann sich wieder mit lebendiger Erfahrung füllen. Die Geschichte Gottes trägt auch die so genannten gottlosen Zeiten.

II. Pädagogik der Achtung

1. Notizen zu Korczaks Lebensweg[7]

Schon während des Medizinstudiums hatte Janusz Korczak als Erzieher Kontakt zu Kindern. 1904 beteiligte er sich als Betreuer an einer so genannten Sommerkolonie, die bedürftigen Großstadtkindern aus den Dachzimmern und Kellerwohnungen der Armenviertel von Warschau Erholung bieten sollte.

Aus dieser Zeit stammen Korczaks erste Beobachtungen der Wirkung der Natur auf die Kinder von den Warschauer Hinterhöfen. In der Schilderung des gemeinsamen Erlebnisses eines Regenbogens beschreibt Korczak Folgendes:

> „›Was ist das?‹ fragen sie. ›Ein Regenbogen‹ Sie heben den Blick und schauen: hübsch – sonderbar, sehr sonderbar. Die Kinder verstummen. Für einen Moment herrscht vollkommene Stille: Keines der Kinder bricht sie mit einem Wort, einem Ausruf. Ein buntes Band zieht sich als voller, ebenmäßiger Halbkreis weit über den Himmel. – Ein Triumphbogen. ›Was ist das – ein Regenbogen? Wo kommt er her? Warum und wozu?‹" (SW 10,9)

Naturbeobachtungen und Naturerlebnisse waren Korczak beim Zusammenleben mit Kindern wichtig. Für Korczak erschloss sich in der Natur Gotteserfahrung. Man kann daraus sicher nicht schließen, dass er Spinozas Gottesverständnis teilte. Es ist wiederum der Dank, in diesem Fall für die Schönheit der Natur, der ihn zur Gotteserfahrung führte.

Ab 1905 wurde Korczak Stationsarzt im Berson-Bauman-Spital für Kinder in Warschau. Das Spital war bestimmt für bedürftige Kinder mosaischen Glaubens, die kostenlos behandelt und beraten wurden. Die Tätigkeit in Warschau wurde unterbrochen durch Studienaufenthalte in Berlin, Paris und London.

1912 gab Korczak die ärztliche Praxis im Krankenhaus auf und übernahm die Leitung des jüdischen Waisenhauses „Dom Sierot". In seiner Rede anlässlich der Eröffnung des Dom Sierot begründete er seine Entscheidung:

---

[7] Siehe dazu vor allem F. Beiner, Janusz Korczak, Themen seines Lebens. Eine Werkbiographie, Gütersloh 2011.

„Wir kennen das kranke Kind; wir müssen das Kind auch im gesunden Entwicklungsprozeß kennenlernen. Wir kennen erbbedingte Krankheiten; kleine Verhaltensstörungen dagegen können wir nicht beurteilen. Wir kennen nur kleine Segmente, nur Bruchstücke des kindlichen Lebens. Wir müssen es in vielen Ausprägungen und individuellen Modifikationen kennenlernen: von der ersten über die zweite Kindheit bis hin zur Reifezeit, in vielen Schattierungen der physischen und geistigen Entwicklung." (SW 4, 31, Anm.1) Während der Jahre seiner medizinischen und pädagogischen Tätigkeit publizierte Korczak pädagogische und gesellschaftskritische Artikel. Im Umgang mit den Kindern entwickelte sich die „Pädagogik der Achtung".[8]

Als Kinderarzt, der einen Namen als anerkannter Spezialist hatte, war Korczak geschätzt bei den wohlhabenden Warschauer Familien. Dabei erkannte er die Fehler einer überbehütenden Wohlstandserziehung deutlich. Was heute als das „overparenting" durch so genannte Helikoptereltern bezeichnet wird, war zu Beginn des 20. Jahrhunderts auch in vielen Warschauer Familien üblich. Als Pädagoge arbeitete Korczak vornehmlich mit gesellschaftlich nicht privilegierten Kindern. Er, dem es als Kind von seinen Eltern nicht erlaubt war, mit den Kindern im Hinterhof zu spielen, machte sich schon als junger Student und danach als Arzt und Pädagoge vertraut mit den Lebensbedingungen der Kinder der Straße, er kannte die Hinterhöfe und Elendsviertel der Großstadt. Weil Kinder Menschen sind, forderte Korczak Achtung und Respekt vor *jedem* Kind.

Während des ersten Weltkrieges war Korczak als Arzt zur russischen Armee (Warschau stand damals unter russischer Herrschaft) eingezogen. In der Kriegszeit schrieb er seine Erfahrungen mit der Erziehung von Kindern auf. 1919 erschien die Tetralogie: „Wie liebt man ein Kind" mit den vier Teilen: Das Kind in der Familie; Das Internat; Sommerkolonien; Dom Sierot (Haus der Waisen). Zur Entstehung schreibt Korczak: „Ich schrieb dieses Buch im Feldlazarett, unter dem Donner der Geschütze, im Krieg." (SW 4,115)

---

8 Vgl.: Beiner, Was Kindern zusteht (Anm. 5).

2. Das Recht des Kindes auf den Tod

„Aus Furcht, der Tod könnte uns das Kind entreißen, entreißen wir das Kind dem Leben; wir wollen nicht, daß es stirbt und erlauben ihm deshalb nicht zu leben." (SW 4,49) Korczaks Erfahrung mit überbehüteten Kindern aus wohlhabenden Familien lässt ihn das erste Recht des Kindes formulieren. „Wir müssen aufpassen, daß wir das Kind, indem wir es vor Diphteriebazillen schützen, nicht in die muffige Luft der Langeweile und Trägheit versetzen." (SW 4,47) Vor lauter Sorge um mögliche Verletzungen des Kindes und aus Angst vor Gefahren bauen Eltern Schutzwälle um ihre Kinder, die verhindern, dass die Kinder eigene Erfahrungen machen – das gilt für den Anfang des 20. Jahrhunderts im wohlhabenden Warschau ebenso wie für das reiche Deutschland heute. Vielleicht ist im 21. Jahrhundert nicht mehr so sehr die Angst vor Bakterien bestimmend, doch es gibt genügend andere Vorsichtsmaßnahmen, die Erwachsene ergreifen können, um Kinder mit Sicherheitsvorschriften einzusperren, so dass das Erlernen eigener Vorsicht und eigenen Erlebens eingeschränkt oder gar unmöglich gemacht werden.

Ein vierjähriger Junge aus einer Musikerfamilie sagte (1973!) ängstlich auf dem Spielplatz zu mir: „Ich darf keinen Sand anfassen, da können meine Hände kaputt gehen, und ich kann nicht mehr Geige spielen." Gewiss ist das ein seltenes Beispiel, aber wenn Eltern sich prüfen, was sie verbieten, angeblich nur zum Schutz ihres Kindes: Wie viele unnötig einschränkende Vorschriften, die das Sammeln eigener Erfahrung unmöglich machen, sind dabei? Overprotection verhindert Freiheit. Ein Kind braucht, bemerkt Korczak, „[den] Blick ins Freie, das Gefühl der Freiheit – ein offenes Fenster." (SW 9,253)

Es gibt allerdings ein Missverständnis des Rechtes auf den Tod, das hieße: alles erlauben. „Also soll man alles erlauben? Aber nie und nimmer: Sonst machen wir aus einem sich langweilenden Sklaven einen gelangweilten Tyrannen." (SW 4,51) Korczak war kein Vertreter antiautoritärer Erziehung, ganz im Gegenteil stellt er fest:

> „Durch Verbote stärken wir immerhin den Willen, zumindest in Hinsicht auf Beherrschung und Verzicht; und nur so entwickeln wir den Erfindungsgeist, in einem beengten Wirkungskreis tätig zu sein, die Fähigkeit, sich der Kontrolle zu entziehen; nur so wecken wir die Fähigkeit zur Kritik. Als einseitige Vorbereitung für das Leben ist das schon etwas wert. Wenn wir ›alles erlauben‹, müssen wir

aufpassen, daß wir nicht den Gelüsten nachgeben, um nachher umso stärker das Verlangen zu drosseln. Im ersten Fall schwächen wir den Willen, im zweiten Fall vergiften wir ihn." (SW 4,51)

Ich denke, man kann Verbote noch positiver beschreiben: eine kleine Anzahl von konsequent durchgehaltenen, einsichtigen Verboten sowie jedes klare Nein bieten ein Geländer zur Orientierung.

Mit Kindern leben, erziehen, das heißt anregen und schützen und den genau überlegten Freiraum geben, in dem ein Kind selbst Erfahrungen sammeln kann. Aber wie schwer und wie anstrengend ist das! Es geht darum, anzuerkennen, dass Kinder Menschen sind, die auch als Kinder Rechte haben, das Recht auf eigene Erfahrung, das mitunter Gefahren mit sich bringt. Deshalb formuliert Korczak so hart: „Das Recht des Kindes auf den Tod".

Ich musste während der Jahre mit meinen Kindern immer wieder an dieses „Recht" denken, wenn es darum ging, Risiken abzuwägen und die Kinder nicht durch übertriebene Beschützung einzuschränken. Verbieten ist viel weniger anstrengend als Freiheit gewähren. Die Bewahrung des „Rechtes auf den Tod", des Rechtes auf eigene Erfahrung kann nur durch konzentrierte, aufmerksame Begleitung gewährleistet werden, niemals durch Gleichgültigkeit.

3. Das Recht des Kindes auf den heutigen Tag

Kinder sind Menschen, heute schon, nicht erst in 20 Jahren. Unter der Vorherrschaft des Entwicklungsgedankens steht ein Kind stets in einem zu erwartenden angeblich viel höheren Entwicklungsstadium vor Augen als der spätere Erwachsene, der es nach der Vorstellung der Erzieher werden soll. Korczak dagegen fordert das Recht des Kindes auf den *heutigen* Tag. Der heutige Tag hat seine eigene Bedeutung, er ist nicht nur Durchgangsstadium für eine viel bedeutendere Zukunft. *Jetzt* steht der Mensch vor dir, *jetzt* braucht er Anerkennung. Die Gegenwart hat den Vorrang vor der Zukunft, in der ein Kind sich möglicherweise zu einem bestimmten Erwachsenen entwickelt haben wird. Entwicklungsgedanken, die die Gegenwart überspringen, rauben Kindern und Erwachsenen Präsenz und Fülle heute, weil sie die Gegenwart uneigentlich machen, als ob das eigentliche Leben einer späteren Zeit vorbehalten sei.

Mit meinen Kindern konnte ich lernen, dass Leben sich nicht verschieben lässt. Die Unterscheidung von eigentlich und uneigentlich führt am Leben vorbei. Leben wird *heute* gelebt – oder es wird verpasst, kostbare Zeit wird vertan. Die Gegenwart muss wahrgenommen werden, ohne die alles bestimmenden Forderungen der Zukunft, obwohl man sich gelegentlich gespannt überlegt, was aus diesem Kind werden wird. Ein Stück Ewigkeit Gottes in der Zeit ereignet sich, wo Menschen die Gegenwart intensiv auskosten. Die Entwicklung von Menschen kommt dabei nicht zu kurz.

„Der Erzieher", schreibt Korczak, „ist nicht verpflichtet, die Verantwortung für eine ferne Zukunft auf sich zu nehmen, aber er ist voll verantwortlich für den heutigen Tag. Ich weiß, daß diese Ansicht ein Mißverständnis hervorruft. Man denkt gerade umgekehrt, meiner Überzeugung nach falsch, wenn auch ehrlich. Aber ehrlich? Vielleicht verlogen. Es ist bequemer, die Verantwortung hinauszuschieben, sie in ein nebelhaftes Morgen zu übertragen, als schon heute über jede Stunde Rechenschaft abzulegen. Der Erzieher ist indirekt auch für die Zukunft verantwortlich, vor der Gesellschaft, aber unmittelbar ist er in erster Linie für die Gegenwart vor seinem Zögling verantwortlich." (SW 9,242) Der theoretische Praktiker der Erziehung stellt nachdrücklich fest: „Ich werde verbissen immer wieder auf die Verteidigung dieses Grundsatzes (des Rechtes auf den heutigen Tag, G. S.-F.) zurückkommen ... Wer die Kindheit überspringen will und dabei in die fernliegende Zukunft zielt – wird sein Ziel verfehlen." (SW 9, 256)

Doch es entsteht häufig ein Konflikt zwischen dem heutigen Tag der Eltern und Erzieher und dem heutigen Tag der Kinder. Deshalb werden Kinder oft nur verwahrt oder wegorganisiert, damit Eltern oder Erzieher ihr Heute haben. Es geht um Präsenz und Fülle jetzt, am heutigen Tag. Bei Kindern kann man das beim konzentrierten Spiel beobachten: versunken, ganz bei der Sache, nicht getrieben. Spiel ist echtes Leben, nicht uneigentlich „*nur*" Spiel. „Wieviel bitteres Wissen um den Mangel an wirklichem Leben und wieviel Sehnsucht danach liegt in den Spielen der Kinder", bemerkt Korczak. (SW 4,88) Präsenz im Spiel. Die Entwicklung kommt dabei nicht zu kurz.

In der Feier eines Festes kann sich ebenfalls Präsenz und Fülle ereignen, als ob die Zeit einen Moment anhält, ein Einbruch der Ewigkeit für Freude oder Leid, für Gespräch und Begegnung. Auch alltägliche Geschehen können den Zeitablauf unterbrechen. Als der barmherzige Samariter kam, ereignete sich das: Er geht nicht seines Weges, der fest geplant ist. Der Anblick des von Räubern Überfallenen unterbricht ihn, der Mensch „jammert" ihn, er erbarmt sich und tut das *augenblicklich* Notwendige. So ereignet sich Ewigkeit in der Zeit, Gegenwart, die mit Liebe gefüllt ist. Auch Entwicklung kommt so neu in Bewegung.

Friedhelm Beiner weist darauf hin, dass Korczak „mit seiner Einstellung zum heutigen Tag, seiner Wertschätzung des ‚Augenblicks' in der jüdischen Lebens- und Glaubensauffassung nicht allein" stehe. Er zitiert dazu Franz Rosenzweig: Die „ganze Kunst des Lebens steckt wohl darin, in jedem Augenblick immer das Nächste, immer nur den Anfang zu wollen und das Ende – Gott befohlen sein zu lassen … Das rächt sich immer, wenn man sich das Nächste, was vor einem steht, zum bloßen Mittel für das, was nachher kommen soll, erniedrigt. Man muss das Nächste so tun, als gäbe es weiter gar nichts. Es gibt auch weiter nichts. Schon das Übernächste geht uns nicht mehr an."9

So ereignen sich Präsenz und Fülle, Gegenwart der Ewigkeit in der Zeit des heutigen Tages, im Augenblick. In diesem Zeitverständnis, im Ernstnehmen des gegenwärtigen Augenblicks, des Vorrangs der Gegenwart stimmen jüdische und christliche Vorstellungen, die dem biblischen Zeitverständnis verpflichtet sind, überein. Im Zusammenleben mit meinen Kindern ist mir die Verpflichtung auf das Heute immer wichtiger geworden, daraus erwächst auch die Kraft für Zukunftspläne.

4. Das Recht des Kindes, das zu sein, was es ist.

Wie soll ein Kind sein? Was soll es sein? Eltern haben Pläne, Wünsche und feste Vorstellungen und Ideale, wie ihr Kind sein soll, was es werden soll, wann es welche Ziele erreicht haben soll. Das beginnt schon im Säuglingsalter: Wann soll es sitzen und stehen können? Wann muss es die ersten Schritte machen? Muss es eigentlich jetzt schon einige Worte sprechen? Mit ängstlicher Aufmerksamkeit wird das beobachtet. Ein anderes Kind läuft schon oder sagt schon drei Worte, obwohl es einen Monat jünger ist.

---

9   Beiner, Was Kindern zusteht (Anm. 5), 35. Beiner zitiert Franz Rosenzweig, Briefe und Tagebücher. Bd. 2. Haag: Nijhoff 1979, 635f.

Voller Gelassenheit hat der Arzt und Pädagoge Korczak auf die „Wann-Fragen" geantwortet: „Wann sollte das Kind laufen und sprechen? Dann, wenn es läuft und spricht. Wann sollten die Zähne durchbrechen? Genau dann, wenn es geschieht. ... Und der Säugling sollte so viele Stunden schlafen, wie er braucht, um ausgeschlafen zu sein." (SW 4,44) Möglicherweise gelten die in heutigen Ratgebern festgehaltenen „Wahrheiten" gerade nicht für dein eigenes Kind.

„Ein Kind zum Schlafen zwingen, wenn es nicht schlafen will, ist ein Frevel. Eine Tabelle, die darüber Auskunft gibt, wie viele Stunden Schlaf ein Kind braucht, ist absurd. Die Stundenzahl für ein bestimmtes Kind festzulegen, ist leicht, wenn man eine Uhr hat: So viele Stunden wie es ohne Unterbrechung schläft, bis es ausgeschlafen aufwacht. Ich sage: ausgeschlafen, nicht munter; es gibt Zeiten, in denen das Kind mehr Schlaf braucht..." (SW 4,74)

Hier spricht der pragmatische Arzt und Erzieher, der Kinder beobachtet und erst danach urteilt.

Wenn man den Kampf um das Schlafen umgehen will, lohnt sich der Versuch, ein Kind im Bett ein Bilderbuch lesen oder auch ein Spiel spielen zu lassen, bis es dann selbst ruft, dass es jetzt schlafen wolle und man das Licht löschen könne. Dieser Versuch kann Wunder wirken und verhindern, dass der kleine Quälgeist ein halbes dutzend Mal aus dem Bett klettert mit unaufschiebbaren Wünschen. Es ist nicht sicher, ob das Spiel oder die Lektüre oder nur die Tatsache der Selbstbestimmung das Wunder bewirkt hat. Auch früh morgens wirkt die kindliche Selbstbestimmung Wunder: Stolz spielt ein Kind, während Erwachsene noch schlafen müssen.

Man muss Kinder sehr genau beobachten, um ihren Willen herauszufinden und zu erkennen, was sie sind. Es darf nicht darum gehen, die Erziehungsziele von Erziehern durchzusetzen und ein für die Erwachsenen bequemes, gut angepasstes Kind zu formen. Ein Kind muss nicht bequem sein, ja, Erzieher dürfen es nicht zum bequemen Kind machen. Ein Kind soll es selbst sein. Dem steht Korczaks Beobachtung gegenüber: „Die ganze moderne Erziehung ist bestrebt, ein bequemes Kind heranzubilden; konsequent, Schritt für Schritt, trachtet sie danach, alles einzuschläfern, zu unterdrücken, zu zerstören, was im Kind Wille und Freiheit, Seelenstärke und Unternehmungsgeist ausmacht." (SW 4,19) Diese Feststellung ist in vielen Fällen für das 21. Jahrhundert noch zutreffender als für den Anfang des 20. Unter den Zwängen der Zeitabläufe in beruflicher Einspannung wird die bequeme, „reibungslose" Einpassung der Kinder noch mehr verlangt. Aber dein Kind hat auch seinen eigenen Zeitrhythmus.

Das Vergleichen der Entwicklung von Kindern und die Regeln, nach denen bestimmte Wachstumsschritte festgehalten werden, haben Bedeutung für die Diagnostik, im Blick sind dabei immer Kinder „im Allgemeinen". Im Zusammenleben mit einem Kind, beim konkreten Gegenüber geht es dagegen um dieses ganz besondere Kind, das es selbst sein will und das ein Recht darauf hat, es selbst zu sein. Selbstverständlich vergleichen Eltern ihre eigenen Kinder untereinander und mit anderen Kindern, das eine ist rascher in der Auffassungsgabe, ein anderes geschickter in der Bewegung, aber das kann geschehen mit Respekt vor der Eigenart jedes Kindes, das es selbst sein will und soll.

Doch aus dem Vergleichen kann sich eine Aufforderung ergeben, die eine tiefe, bleibende Wunde im Herzen und in allen Gefühlen eines Menschen hinterlässt: „Nimm dir ein Beispiel an..." Diese Wunde heilt möglicherweise ein Leben lang nicht aus. Sie vergiftet alle Beziehungen im Leben eines Kindes, eines Menschen, oft für ein ganzes Leben. Ich soll nicht ich selbst sein, sondern so wie meine Schwester, das will ich nicht, und das kann ich nicht. Aber daran werde ich gemessen, immer wieder. Bin ich selbst nicht gut genug? Viel schlechter bin ich als diese Schwester, der ich gleich sein soll. Deshalb hasse ich sie, die mir immer wieder als Vorbild vor Augen gestellt wird. Sie ist das gute, erfolgreiche Kind, die Eltern lieben es mehr, sie ziehen es vor. Wie viele Familientragödien und wie viel unheilbar zerstörtes Selbstbewusstsein entstehen aus solch destruktiven Vergleichen.

Wenn nicht ein Wunder geschieht, bleibt ein auf Vergleiche fixiertes Kind sein Leben lang in der traurigen Rolle des hässlichen kleinen Entleins, das daran leidet, das es weniger wert ist als die anderen. Wie könnte es aus dieser Rolle befreit werden? Wie könnte sich ihm die Erfahrung erschließen, dass es gut geschaffen ist, dass es Ebenbild Gottes ist? Ein gütiger Blick liegt auf ihm, aber es vermag ihn nicht wahrzunehmen. Die Verletzung seiner Gefühle müsste unterbrochen und die Verfinsterung seines Herzens aufgehellt werden. Bei Kain gelang das nicht. Zu schwer lastete der Neid auf ihm, dass der Bruder der bessere, der angesehenere sei. Die Spuren des Neides zeichneten sich tief in sein Inneres und prägten sein Leben unheilvoll.

Gegen das verletzende Vergleichen steht das Recht der Person, die bestimmte Individualität des Menschen gegen vorgeschriebene Ideale.

5. Pädagogik der Achtung

Korczak fordert das *Recht* des Kindes auf Achtung ganz analog zu den Menschenrechten. Die Erkenntnis, dass Kinder Menschen sind, die nicht erst durch die Erziehung zu Menschen werden, wird Leitgedanke der 1929 veröffentlichten Schrift: „Das Recht des Kindes auf Achtung". (SW 4,383– 414) Einleitend schreibt der Pädagoge:

> „Von früher Kindheit an wachsen wir in dem Bewußtsein auf, daß das, was größer ist – wichtiger ist als das Kleine. ... Achtung und Bewunderung weckt, was groß ist, mehr Raum einnimmt. Klein – das ist gewöhnlich, uninteressant. Kleine Leute, kleine Bedürfnisse, kleine Freuden und Leiden. ... Das Kind ist klein, leicht, es ist weniger. – Wir müssen uns bücken, wir müssen uns zu ihm hinunterneigen." (SW 4,385)

Dennoch ist das Kind Mensch. Korczak hat diese Feststellung geradezu paradox gesteigert: „Es gibt keine Kinder – es gibt nur Menschen; aber Kinder haben eine andere Begriffsskala, einen anderen Erfahrungsschatz, andere Impulse, eine andere Gefühlswelt. – Denk daran, daß wir sie nicht kennen." (SW 4,147f.) Deshalb ist das erste Gebot des Zusammenlebens mit Kindern, die Forderung, sie genau zu beobachten. Eltern und Erzieher wissen nicht alles schon vorher, sie müssen es bei den Kindern entdecken. Mit meinen Kindern und von ihnen habe ich gelernt, dass auch Mütter nicht alles vorher wissen, sondern dass sie vieles erst beim Zusammenleben mit den eigenen Kindern erfahren.

Miteinander leben ist ein Entdeckungsprozess. Korczak hat alle Erziehung als Experiment verstanden:

> „... in der Erziehung ist alles Experiment – ein Versuch. Ich versuche es mit Milde und mit Strenge, ich versuche zu ermutigen und zu verhüten, ich versuche zu beschleunigen und zu verzögern, ich versuche zu untertreiben und zu übertreiben – wir denken nicht daran, das Programm der Versuche zugunsten eines despotischen Dogmas aufzugeben. – Der Versuch muß vorsichtig und besonnen sein, man darf keine Gefahr eingehen – und unser ganzes Erziehungssystem ist ein solcher Versuch." (SW 9,519)

Korczak hat wohl auch deshalb von Erziehern gefordert, ein Tagebuch zu führen. (SW 4,260; 322) Auch den Kindern wurde das Schreiben von Tagebüchern zur Selbstbeobachtung empfohlen.

Korczaks Pädagogik ist bestimmt von dem Respekt vor Kindern als Menschen. Erziehen heißt miteinander leben. Das ist ein Prozess zwischen Kindern und Eltern/Erziehern, in dem sie sich *gegenseitig* erziehen. Allerdings müssen Eltern und Erzieher genügend offen und beweglich dafür sein, und Erwachsene dürfen ihre Überlegenheit gegenüber Kindern nicht ausspielen. Doch wie schwer ist es, nicht etwa ein vorschnelles Machtwort zu sprechen, um rasch eine Situation im eigenen Interesse und nach Vorstellung der Erwachsenen zu lösen. Miteinander leben heißt, Anteil haben aneinander, dafür aber muss man sich anerkennen. Wie vieles steht dem entgegen. „Wir haben uns so eingerichtet, daß uns die Kinder möglichst wenig stören, daß sie möglichst wenig darüber erfahren, wer wir eigentlich sind und was wir wirklich tun." (SW 4,75) – Mit einer schüchternen Frage wird dieses Versteckspiel abends überraschend unterbrochen: „Mutti, bist du traurig?" fragt meine kleine Tochter mich; so schafft sie eine tiefe Verbundenheit. Auf der Gefühlsebene treffen sich die Welten von Kindern und Erwachsenen.

Das Recht auf Achtung bezieht sich aber nicht nur auf Gefühle, sondern ebenso auf die Urteilskraft heranwachsender Kinder. Korczak hat, wie er selbst in der zweiten Auflage von „Wie liebt man ein Kind" (1929) schreibt, im Laufe seiner Erziehungsarbeit entdeckt,

> „daß es das erste und unbestreitbare Recht des Kindes ist, seine Gedanken auszusprechen und aktiven Anteil an unseren Überlegungen und Urteilen in Bezug auf seine Person zu nehmen. Wenn wir zur Achtung vor dem Kind und zum Vertrauen zu ihm heranwachsen, wenn es selbst Vertrauen gewinnt und sein Recht artikuliert – wird es weniger Rätsel und Fehler geben." (SW 4,45)[10]

Nicht ein Kampf um Mitbestimmung nach dem Vorbild von Arbeitskämpfen zwischen Gewerkschaften und Arbeitgebern kann das Zusammenleben mit Kindern produktiv gestalten, sondern die Wahrnehmung des natürlichen Rechtes auf Anteilnahme. „Was machen wir heute?" „Wie können wir dieses Problem lösen?" „Warum ist etwas nicht richtig, gemein, unfair?" Das alles sind Fragen, die man auch mit noch sehr jungen Kindern schon besprechen kann. Der Eifer, eigene Vorschläge zu unterbreiten, hat mich immer überrascht. Aber auch die berechtigte Kritik eines noch Vierjährigen, der von einer Erwachsenen feststellt: „Sie schimpft so doll, sie

---

10 Das Zitat ist als Ergänzung für die 2. Auflage gekennzeichnet.

kann nicht lachen, sie schaut mich nie an" zeigt, wie aufmerksam ein Kind beobachtet und urteilt.

Die Gesichtspunkte der *Gegenseitigkeit* der Erziehung von Kindern und Erwachsenen, der Anteilnahme aneinander und der Achtung für einander haben Korczak dazu veranlasst, demokratische Strukturen für die Erziehung zu entwickeln. In den Waisenhäusern wurden zur Durchsetzung der demokratischen Rechte und Pflichten der Kinder Institutionen eingerichtet, die die Mitbestimmung und Mitverantwortung der Kinder festigen sollten: Ein Parlament, ein Selbstverwaltungsrat, Vollversammlungen, ein Gerichtsrat, eine öffentliche Zeitung, eine Anschlagstafel, ein Dank- und Entschuldigungsbuch und andere.[11] Jedes Kind konnte Klage erheben gegen ein anderes Kind oder gegen einen Erwachsenen, wenn es der Meinung war, dass ihm Unrecht widerfahren sei. Das Recht auf Klage ist ein wichtiges Element der Mitbestimmung der Kinder. Das Kindergericht beurteilt die beklagten Zustände und Vorfälle. Ich denke, das Recht zu klagen oder sich zu beklagen sollte in jeder Familie und in jeder Gemeinschaft von Kindern und Erwachsenen ernst genommen werden.

In den Mittelpunkt des Zusammenlebens von Erziehern und Kindern stellt Korczak das Verzeihen: „Ich schätze die Fakten ohne Illusion ein und denke – es sei am wichtigsten, daß der Erzieher in der Lage sein sollte: Jedem in jedem Fall völlig zu verzeihen. Alles verstehen – heißt alles entschuldigen." (SW 9,240)

Eltern und Erzieher können erfahren, welche Wunder es wirkt, wenn man ein Kind um Verzeihung bittet, weil man sich selbst übereilt hat mit erzieherischen Maßnahmen, weil man ungerecht geschimpft hat. Erziehen heißt miteinander leben, sich *gegenseitig* erziehen mit Respekt voreinander.

Das Verzeihen steht auch im Mittelpunkt des Urteilens beim Gericht der Kinder im Dom Sierot, es ist ein Leitgedanke: „Wenn jemand etwas Böses getan hat, ist es am besten, ihm zu verzeihen ... Wenn jemand etwas Böses getan hat, ist es am besten, man verzeiht ihm und wartet, bis er sich bessert." (SW 4,274) So lauten Kernsätze im Kodex des Kameradschaftsgerichtes. Zusammenleben mit Menschen braucht Zeit, die Umwege müssen abgewartet werden.

---

11 Beiner, Was Kindern zusteht (Anm.5), 93.

„Das Gericht aber muß die Stillen schützen, damit ihnen die Aggressiven und Aufdringlichen kein Unrecht zufügen; das Gericht muß die Schwachen schützen, damit die Starken sie nicht quälen; es muß die Gewissenhaften und Fleißigen gegen die Nachlässigen und Faulen in Schutz nehmen; das Gericht muß für Ordnung sorgen, denn Unordnung belastet die guten, stillen und gewissenhaften Kinder am meisten." (SW 4,274)

Ordnung und Achtung – auch vor dem Eigentum eines jeden Kindes – prägen das äußere Aussehen eines jeden Hauses.

Die Kinder selbst lernen, Verantwortung zu übernehmen für die Stillen und Schwachen. Bei den von Korczak eingerichteten Diensten ist auch der Dienst der Betreuung und Begleitung eines neu angekommenen Kindes im Waisenhaus: Je ein größeres Kind ist verantwortlich für einen Neuling, zeigt ihm alles und erklärt, was unverständlich ist, steht ihm bei, wo es einen Kummer hat, und tröstet.

Achtung und Respekt fordert Korczak insbesondere auch vor den Gefühlen der Kinder. In seinem Kinderroman „Wenn ich wieder klein bin" von 1925 schreibt Korczak eine Vorbemerkung „An den erwachsenen Leser": „Ihr pflegt zu sagen: ‚Der Umgang mit Kindern ist anstrengend.' Ihr habt recht. Ihr sagt: ‚Weil wir uns zu ihren Begriffen herablassen müssen.' Herablassen, hinunterbeugen, uns krümmen, kleinmachen. Ihr irrt. Nicht das ist es, was uns anstrengt. – Sondern, daß wir uns aufschwingen müssen zu ihren Gefühlen. Aufschwingen, emporrecken, auf die Zehenspitzen stellen, heranreichen. Um sie nicht zu verletzen." (SW 3,135)

Wie schaffen es Eltern, wie schaffen es Erzieher, die Gefühle der Kinder zu achten, Gefühle der Freude und Gefühle der Trauer, des Kummers? Wie elend fühlt man sich, wenn man den schweren Kummer eines Kindes nicht getröstet hat.

6. Sami, der Seeelefant

Sami, der Seeelefant, war der besondere Liebling aller Zoobesucher. Vor allem Kinder, aber nicht nur sie, drängten sich zur Fütterungszeit um sein Becken. Sami hatte von seinem Wärter einige Kunststücke gelernt, die er in Erwartung eines Fisches laut grunzend vorführte, um dann die Belohnung mit einem ‚Happs' herunter zu schlingen. Mit seinen schwerfälligen, aber doch erstaunlich schnellen Bewegungen und seinen unnachahmlichen Tönen hatte Sami Interesse und Zuneigung aller Zoobesucher gewonnen.

Eines Tages stand in der Lokalzeitung auf der ersten Seite die Meldung, der Seeelefant Sami sei eingegangen. Die Ursache sei noch ungeklärt. Auf einen Bericht im Inneren der Zeitung wurde verwiesen. Beim Frühstück las eine überraschte Mutter die kurze Meldung ihrem fünfjährigen Sohn vor. Auch er war begeisterter Besucher von Sami und seiner Fütterung gewesen. Der Sohn begann sofort laut zu weinen, ja, seine Erschütterung steigerte sich zu fassungslosem Heulen. Das hatte die Mutter nicht erwartet. Nun kam sie in Bedrängnis, denn der Sohn sollte pünktlich zur Vorschule gehen.

Was macht man, wenn der Kummer ein Kind überwältigt, und das geschieht zur Unzeit mitten in einem zeitlich festgelegten Tagesablauf? Ist man in der Lage, das Gewicht des Kummers zu erspüren und den festen Zeitplan anzuhalten, um das Kind zu trösten? Gewiss, das braucht Zeit, aber nur so kann die kleine Seele wieder ins Gleichgewicht gebracht werden. Teilnahme an Kummer tröstet, so kann ein Mensch mitfühlend begleitet werden.

Oder ist der Zwang des festgelegten Zeitablaufs stärker? Mit Schimpfen wird ein Kind zu einem vermeintlich notwendigen Stundenplan gezwungen. Seine Gefühle werden missachtet. Zwar hilft auch in diesem Fall noch eine nachträgliche Bitte um Verzeihung, aber der Kummer um Sami sitzt dennoch tief. Schwer trägt ein Kind daran.

7. Achtung und Respekt

Mit der Pädagogik der Achtung vertritt Korczak etwas von dem, was der Soziologe Richard Sennett heute mit dem Begriff Respekt umschreibt, der in die vorstehenden Ausführungen schon verschiedentlich eingeflossen ist.[12] Es geht dabei um die Achtung zwischen untereinander ungleichen Menschen, sozial Stärkeren und sozial Schwächeren. Wie können auch die Schwächeren, Benachteiligten Selbstvertrauen und Selbstachtung gewinnen? Korczak hat in Waisenhäusern sozial vernachlässigten Kindern das Umfeld und die Chance gegeben, aufgrund derer sie Selbstvertrauen gewinnen und Verantwortung zu übernehmen lernen konnten. Der Schutzraum des Dom Sierot und die Achtung vor den Rechten der Kinder flößte

---

[12] R. Sennett, Respekt im Zeitalter der Ungleichheit, Berlin 2007² (Original: R. Sennett, Respect in a World of Unequality, New York 2002).

ihnen so viel eigene Stärke ein, dass die meisten von ihnen das Haus mit genügend Selbstachtung verließen, um ein eigenständiges Leben zu führen. Ich denke, auch in Familien müsste beim Zusammenleben mit Kindern der Respekt vor ihrer Eigenständigkeit, und der Respekt vor den von Korczak namhaft gemachten Rechten – des Rechtes auf den Tod, des Rechtes auf den heutigen Tag und des Rechtes eines Kindes, das zu sein, was es ist – grundlegend sein. Kinder bleiben in gewisser Hinsicht als Kinder immer die Schwächeren, aber durch die Achtung und den Respekt der zunächst überlegenen Erwachsenen können sie Selbstachtung und Stärke für das ganze Leben gewinnen.

Korczak schreibt: „Darum fordere ich, endlich aufzuhören mit dem falschen Schein unseres zärtlichen und duseligen, geradezu gnädigen Verhältnisses zum Kind, statt dessen sollte man fragen, welche Rechte es hat." (SW 5,24)

III. Kinder können fliegen

1. Fliegen

Kindheitserinnerung: Auf einem kleinen Hügel stehen und mit ausgebreiteten Armen herunterlaufen. Ich fliege. Der weiche Wiesenboden tut ein Übriges dazu. Viele Male wird das Spiel wiederholt, um die Faszination festzuhalten. Ältere Kinder üben das Spiel möglicherweise auf der Freitreppe eines Schlosses. Sie fliegen.[13]

Ein gerade achtjähriger Junge schreibt in der Schule einen Erlebnisaufsatz „Ein Tag in meiner Traumschule". Er beendet den Aufsatz mit der Mitteilung, dass er nach Hause geflogen sei. Damit war der Aufsatz zu einem guten Ende gekommen. Große Enttäuschung stellte sich ein, als der Schüler den Kommentar der Lehrerin las: „Kinder können doch nicht fliegen!" Dass Kinder fliegen können, hatte diese Pädagogin noch nicht erfahren. Sie war festgelegt auf ein Verständnis von Realität ohne Phantasie. Ist das realistisch?

Kinder überwinden die Schwerkraft, wenn sie genügend Anregung für ihre Phantasie bekommen, dann können sie fliegen. Sie entdecken unmögliche Möglichkeiten und können buchstäblich über Mauern springen, so wie es der biblische Psalm von der bestärkenden Kraft Gottes erzählt: Mit meinem Gott kann ich über Mauern springen. (Psalm 18,30) Das ist die Kraft, die Menschen brauchen, die hinter Mauern sitzen.

Schon in der Zeit seiner Mitarbeit in den Sommerkolonien hatte Korczak bemerkt, wie frei die Warschauer Hinterhofkinder wurden und wie sie sich körperlich, geistig und seelisch erholten, wenn sie sich mit genügend Freiraum in der Natur bewegen konnten. Ich habe Ähnliches während der Sommerferien häufig an unseren Kindern beobachten können: Freie Bewegungsmöglichkeit weckt und fördert Kinder, so dass sie körperlich und geistig zu fliegen vermögen. In der Ghettozeit waren nach Korczaks

---

13 Es geht dabei nicht um die psychopathologischen Phänomene, die Hermann Argelander in der Fallstudie eines narzißtischen Charakters beschreibt. Vgl.: H. Argelander, Der Flieger. Eine charakteranalytische Fallstudie, Frankfurt am Main 1980.

Berichten neben dem Hunger die Enge und das fehlende Grün für die Kinder die größte Entbehrung.

Janusz Korczak kümmerte sich im Warschauer Ghetto auch außerhalb des Dom Sierot um die Lebensbedingungen von Kindern. Nach einem Besuch im Findelhaus 1942 berichtet er über den geistigen Hunger der völlig ausgehungerten und verwahrlosten Kinder: „Die Kinder sind geistig hungrig. – Nach einem Märchen vom *Gestiefelten Kater*, das ich versuchsweise zu erzählen wagte, verlangen sie nach mehr." (SW 15,245) Die Phantasie befreit die Kinder für eine kurze Zeit aus der Enge ihrer Gefangenschaft in Hunger und Elend. Sie vergessen ihre Situation. Sie fliegen.

Korczak hat während dieser Zeit die psychische Verfassung der Kinder gestärkt, indem er ihre Phantasie unter anderem mit Märchen anregte. So konnten sie Utopien bilden, die sie eine Zeit lang über alle Not hinweghoben. Aus Vernichtungslagern wird diese Wirkung bei Erwachsenen durch das Rezitieren von Gedichten erzählt. Jorgé Semprun erzählt das aus Buchenwald, Eli Wiesel aus Auschwitz.

Die Kinder des Dom Sierot führten am 18. Juli 1942 das märchenhafte Drama „Die Post" von Rabindranath Tagore auf. Zuschauer aus dem Ghetto waren eingeladen. Es geht in dem Märchen um die Geschichte des kleinen Amal, der ans Bett gefesselt ist und das Leben draußen nur durch ein Fenster beobachten kann. Zofia Szymańska, eine Ärztin und Kinderpsychologin, beschreibt die Wirkung des Stückes auf die Kinder:

> „Voller Bewunderung schauen die Zöglinge des Dom Sierot auf Amal und nehmen die Worte tief in sich auf. Wie sind die Kinder im Ghetto beengt, wie verzweifelt drücken sie ihre kleinen Nasen an den Mauerlücken platt, um zu sehen, was sich drüben auf ›jener Seite‹ tut. Wie gerne würden sie zusammen mit Amal Eichhörnchen spielen, über die Straße rennen, im kalten Flüsschen baden und einen ganzen Arm voll Blumen pflücken. Sie haben vergessen, wie Blumen aussehen! Mit angehaltenem Atem warteten sie zusammen mit Amal auf den Brief des Königs, der die Befreiung bringen sollte. Sie glaubten mit ihm, dass dieser wunderbare Brief sehr bald schon kommen wird. Diese Nachricht überbrachte ihm das Mädchen mit den Blumen, und der Wächter bestätigte sie. Amal vertraut ihnen und in Erwartung der Befreiung schlummert er süß ein."[14]

---

14 Z. Szymańska, Den versteinerten Herzen erlag er nicht ... S. Beiner, Janusz Korczak, Themen seines Lebens. (Anm. 7) 253f. S. dazu auch Korczak in seinem Tagebuch – Erinnerungen, SW 15,363.

Das ist mehr als Realität. Der Phantasie erschließt sich Neues und trägt die Kinder über die eingeschränkte Wirklichkeit hinaus. Kurz nach der Aufführung (am 6. August 1942) wurden die Kinder des Dom Sierot nach Treblinka deportiert. Janusz Korczak ging mit ihnen.

Sind wir als Eltern und Erzieher in der Lage, unseren Kindern genügend geistige Nahrung zu geben, damit sie Phantasie und Hoffnung entwickeln können? Phantasie und die Kraft zu fliegen brauchen Menschen für alle Tage und in Zeiten, wenn die Realität zu eng wird und wenn so genannter Realismus die Wahrnehmung von Möglichkeiten verdeckt. Auch im Alter, wenn einem Menschen die körperlichen Kräfte vergehen und er möglicherweise nicht mehr laufen kann, kann diese in der Kindheit erworbene Kraft Menschen noch beflügeln. Die Beter der biblischen Psalmen sprechen von den Flügeln der Morgenröte.

2. Das Werden des Ich

Das Werden des Ich ist ein Wunder. Aber der Weg dahin ist mühsam. Eltern und Erzieher wissen von der Kraft des Trotzes, von Zorn und Wut, Verwirrung und Zweifel, die Kinder hin und her reißen. Anders ist der Weg nicht zu finden, bis ein Ich entstanden ist, das sich wahrzunehmen und den eigenen Kräften selbstbewusst zu vertrauen vermag. Wie wichtig ist ein kindliches: „Ich will nicht!" Ein Fünfjähriger wehrt sich gegen die Planung seiner Mutter mit den Worten: „Ich will nur basteln, was ich selber will!" Schon in viel früherem Alter erwacht das bestimmende „Selber Machen!" eines Kindes. Das muss respektiert werden.

Die Psychologie hat die Entwicklung zum Ich und die Entwicklung von Identität und Persönlichkeit zu Integrität und Autonomie hinreichend beschrieben und die Krisen und Gefährdungen benannt, die oft ein ganzes Leben prägen. Dennoch ist die Entwicklung eines Menschen nicht fest planbar. Es bleiben Unverfügbarkeiten.

„Ich finde mich schön", stellt ein kleines Mädchen glücklich von sich fest. Sie ist stark geworden, aber auch nachdenklich, weil sie bemerkt hat, dass die große Schwester das von sich nicht sagen kann. Warum? Ist ihr dieses Glück versagt?

Eltern und Erzieher können lediglich den Weg zu einem starken Ich schützen und bestärken. Zuallererst durch Worte. Menschen sind Sprachwesen.

Sie werden angeredet. Man weiß, dass Kinder schon in den ersten Lebensstunden die Stimme ihrer Mutter erkennen, diese Stimme nährt sie mit der Muttermilch. Worte umhüllen das Kind, beruhigen und trösten es bei den ersten Widrigkeiten in seinem jungen Leben und versichern es dessen, dass Leben vertrauenswürdig und gut ist. Immer wieder im Leben brauchen Menschen den Zuspruch, aus dem die Kraft, fliegen zu können, ursprünglich kommt.

Gott ist der Name für die ursprüngliche Anrede, durch die ein Mensch ins Leben gerufen wird, um nicht nur autonom zu werden, sich selbst bestimmend, sondern um zu mehr als Ich zu werden: verantwortliche Person in gutem Leben. Die alte Geschichte spricht vom Menschen als von Gottes Ebenbild, das Verantwortung zu übernehmen und Herrschaft auszuüben vermag.

Janusz Korczak hat im Dom Sierot Kindern, die kaum elterlichen Zuspruch, keine Verlässlichkeit und keine Ordnung kannten, einen Weg ermöglicht und Perspektiven eröffnet zu einer verantwortlichen Person. Er gab ihnen den regelmäßigen täglichen Zuspruch, die Fürsorge und die Pflichten; er schützte sie in verlässlicher Ordnung, in der sie sich orientieren konnten.

Verlässliche Fürsorge, eine für Kinder gut überschaubare Ordnung, regelmäßige Tageseinteilung und tägliche Pflichten, die auch beachtet und bewertet wurden, gaben den Kindern Halt, gleichsam das äußere Geländer, an dem sie sich festhalten konnten. Verlässlichkeit und Ordnung stärken das Ich. Ordnung ist der Schutzraum, in dem Kinder sich selbstständig zurechtfinden können. Im Dom Sierot konnten die Kinder klagen, wenn sie innerhalb der Ordnung verletzt wurden. Korczak fordert den Respekt vor jedem einzelnen Kind und auch vor dem Eigentum der Kinder: „Laßt uns Achtung haben vor dem Eigentum des Kindes und vor seinem Budget." (SW 4,403) Bei den Kindern des Dom Sierot bestand das Eigentum oft nur aus Steinchen, Federn eines Vogels, Stiften, aber das alles war kostbar und wurde als Schatz eines jeden Kindes sorgfältig bewahrt und geschützt. Eigentum liegt in der Verantwortung eines autonomen Ich, nicht einer alles verwaltenden und bestimmenden Mutter oder Erzieherin. Das allerdings setzt Ordnung voraus, da man sonst gar nicht findet, was einem gehört.

Die Lebensbedingungen von Zuspruch und Anrede, „geistiger Nahrung", Verlässlichkeit der täglichen Fürsorge und zeitlicher ebenso wie

räumlicher Ordnung bewahrte Korczak den Kindern auch unter den unsäglichen Bedingungen des Ghettos. Märchen wurden erzählt, Theateraufführungen wurden veranstaltet und Konzerte fanden statt. 1941 richtete Korczak Gottesdienste im Dom Sierot ein.
Friedhelm Beiner zitiert dazu Michal Zylberberg:

> „Ich war sprachlos. Jeder wusste, wie fern Korczak allen religiösen Bräuchen stand. Der Doktor bemerkte meine Verwunderung und sagte, ohne auf eine Frage zu warten: >In diesen besonderen Zeiten halte ich Gottesdienste im Dom Sierot für dringend notwendig. Das Gebet kann in so tragischen Augenblicken, wie wir sie jetzt erleben, den Menschen ermutigen. Natürlich wird niemand gezwungen, an den Gebeten teilzunehmen. < Das bezog sich auf die Zöglinge, die in religiösen Dingen volle Freiheit genossen."[15]

Der Gottesdienst war auch geistige Nahrung, die die Kinder über die tägliche Bedrängnis hinausheben konnte. Sie durften fliegen. Vor allem aber war der Gottesdienst Hinweis auf einen Halt außerhalb der Möglichkeiten und Kräfte des eigenen Ich, mehr als Realismus.

> Das Dom Sierot musste im Ghetto mehrmals umziehen in immer kleinere, engere Unterkünfte, obwohl die Zahl der Kinder, die aufgenommen wurden, ständig stieg. Aber auch unter diesen Umständen wurde eine Ordnung aufrechterhalten, die den Kindern Orientierung geben konnte und ein jedes einzelne Ich respektierte. Ein riesengroßer Saal mit mehreren Nebenzimmern wurde eingeteilt in Speiseraum, Klassenzimmer, Nähzimmer, Spielzimmer, und ein Isolierzimmer für schwache und kranke Kinder.[16] Zofia Szymańska beschreibt die Einrichtung dieses Saals folgendermaßen: „Ein riesiger Saal dient allen Kindern als Schlafraum. Die Gruppen sind geschickt durch Schränke und Wandschirme abgeteilt. Es gibt eine Puppenecke und eine Ecke der Stille. Ein Leseraum wurde organisiert, und dort hinter dem Schrank basteln die Buben etwas. Früher hatte jeder Raum seine Bestimmung, alles lag an seinem Platz. Aber auch heute herrscht in diesem Riesensaal kein Chaos."[17]

Wenn ich von der Ordnung in diesem Raum lese, sehe ich im Kontrast dazu das Chaos der Überfülle an Spielzeug in vielen Kinderzimmern und

---

15 Beiner, Janusz Korczak, Themen seines Lebens. (Anm. 7) 252. Zylberberg war ein Mitbewohner des Hauses in der Chlodna-Straße, in welches das Dom Sierot Ende 1940 bis 1941 ziehen musste. Zylbergs Tagebuchaufzeichnungen sind Grundlage der Kenntnisse über Korczak und das Waisenhaus aus dieser Zeit.
16 Beiner, Janusz Korczak, Themen seines Lebens. (Anm. 7) 253.
17 Beiner, ebd.

Wohnungen heute, in denen weder Kinder noch Eltern einzelne Dinge finden. Man kennt das verlegene kindliche Eingeständnis: „Das habe ich auch mal gehabt, aber ich weiß nicht, wo es jetzt ist." Das ist die Klage über das Chaos wegen der Überfülle von Spielzeug, das zum Wegwerfzeug verkommen ist.

Anrede, Fürsorge, eigene Verantwortung, eine überschaubare Ordnung und eine verlässliche Zeiteinteilung lassen einen Menschen sich entwickeln, so entsteht ein Ich.

3. Grenzen überspringen

Im Spiel wird Stärke gewonnen und erprobt. Auch in der Ghettozeit hat Korczak den Kindern noch nach Kräften die Möglichkeit zum Spiel verschafft, oder die Kinder haben selbst Möglichkeiten gesucht und gefunden. Im Mai 1942 schrieben einige Kinder des Dom Sierot einen Brief an den Pfarrer der Pfarrgemeinde Aller Heiligen, die an die Ghettomauer angrenzte:

> „Wir bitten den Verehrten Herrn Pfarrer aufs herzlichste, uns die gütige Erlaubnis für das wiederholte Aufsuchen des Kirchgartens an Samstagen in den möglichst frühen Morgenstunden (6.30–10 Uhr) zu erteilen. Wir sehnen uns nach ein bissel Luft und Grün. Bei uns ist es stickig und eng. Wir möchten die Natur kennen lernen und uns mit ihr befreunden. Die Aussaat werden wir nicht zertrampeln. Wir bitten Sie inständig um Gewährung unserer Bitte."

(So Korczak in seinem Ghetto-Tagebuch, GW 15,333) Leider wissen wir von keiner Antwort.

Im Spiel werden Grenzen nicht nur ausgeweitet, sondern übersprungen. Ein kaum Fünfjähriger fragt: „Was ist ein Künstler?" Die mütterliche Antwort befriedigt ihn nicht. Er entgegnet: „Ein Künstler kann alles ein bisschen. Ich bin ein Künstler, weil ich alles ein bisschen kann, malen, dichten." Man kennt Größenphantasien von Kindern, sie sind Lebenselixier, Mutmacher und Zukunftsperspektive zugleich. Darin schlägt sich der Wunsch nach Stärke nieder und zugleich bestärkt ein solcher Wunsch die Kraft eines Kindes und seine Hoffnung.

Ein achtjähriger Junge, gerade in dem Alter, in dem man fliegen kann, sagt: „Ich werde Wissenschaftler oder Komponist." Gewiss ist das Utopie. Aber eine kindliche Utopie darf nicht belächelt oder abfällig kommentiert werden. Die Utopie beflügelt, sie führt nicht ins Nirgendwo, vielmehr weckt sie Kräfte, die aufmerksam geleitet werden müssen.

Wie oft fragen sich Eltern, auf welche Weise sie ihr Kind am besten fördern. Frühförderung der Vorschulkinder ist heute in aller Munde. In der Sorge um Fortkommen, Ansehen und Erfolg der Kinder auf dem Lebensweg, im zukünftigen Beruf und in der Gesellschaft geht es täglich um Lernen und Leistung, um Training und Können. Um des Erfolges in der Zukunft willen muss heute geübt und trainiert werden. Ganze Programme werden dafür entworfen. Das hat eine gewisse Berechtigung, wenn nur die Gegenwart nicht zu schnell um der Zukunft willen übersprungen wird. Die Entwicklung von Musikern und Sportlern belegt deutlich, was das Sprichwort zum Ausdruck bringt: Früh übt sich, was ein Meister werden will. Für manche Eltern ist das allein wegweisend für die Erziehung ihrer Kinder. Leistung zu fordern und Erfolge zu sichern, steht als Erziehungsgebot oft an erster und gelegentlich auch an einziger Stelle.

Erziehen ist dann nicht mehr ein gegenseitiger Prozess anregenden Zusammenlebens, sondern ein hartes Trainingsprogramm. „Wenn du in die Schule kommst, musst du das aber können." „Später wird dir niemand helfen, wenn du das nicht kannst." Angst ist der schlechte Ratgeber hinter diesen Drohungen.

Das Können und die Fähigkeiten des Ich sind oft auch der einzige Maßstab für die Beobachtungen der Ich-Identitätsentwicklung und für ihre Bewertung. Die Kraft im Zentrum der kleinen Persönlichkeit ist bewundernswert. Der Wunsch, zu lernen und neue Fähigkeiten unter Beweis zu stellen, ist faszinierend. Der Ehrgeiz von Eltern und Erziehern weckt oft den noch größeren Ehrgeiz der Kinder.

Obwohl auch mir dieser Ehrgeiz keineswegs fremd ist, wurde ich bei dem Zusammenleben mit meinen Kindern durch die Begegnung mit dem Werk Korczaks ebenso wie durch die Prägung der biblisch-christlichen Tradition auf eine andere Spur verwiesen. Die Stärke eines Menschen ist nicht allein und vorrangig Folge von Üben und Training, von Können und Fertigkeiten, die auf Leistung und Erfolg zielen. Es geht nicht zuerst und vor allem um die persönliche Entwicklung eines Menschen: „Mein Kind ist schon weit!" Auch die isolierte kleine Persönlichkeit, die sich selbst verwirklichen und ihre Identität entwickeln muss, steht nicht im

Zentrum, eher leidet sie unter Erfolgsdruck. Etwas anderes ist zuvor bedeutsam. Man kann es den Geschenkcharakter des Lebens nennen. Kinder sind Menschen. Kein Mensch fängt mit sich selbst an, kein Mensch entwirft sich aus sich selbst, zuvor ist er sich gegeben. Es ist die Passivität des Anfangs, der tägliche Zuspruch, in dem zum Ausdruck kommt: „Du bist, so wie du bist, gewollt und gut, unabhängig von Leistung und Erfolg." Das ist die tragende Grundmelodie im Leben eines Menschen, die die biblische Tradition vermittelt. Dieser Zuspruch gibt einem Menschen das feste Vertrauen ins Leben. So entstehen Freude, Lebensfreude, Genießen des Lebens und ein tiefes Grundvertrauen für ein ganzes Leben. Mit der Achtung vor jedem Kind hat Korczak diese Melodie immer wieder in Erinnerung gerufen. Auch hier steht er ganz in der jüdisch-biblischen Tradition.

Ich habe an anderer Stelle von der „Tyrannei des gelingenden Lebens"[18] gesprochen und damit die alleinige Geltung von Leistung und Erfolg im Leben kritisiert, nach der Leben, das nicht leistungsfähig und erfolgreich ist, als nicht gelungen verurteilt wird. Dagegen gilt: „Leben ist kostbar, zum Genießen und zur Freude..." Leben ist kostbar ohne Bedingungen. Beim Zusammenleben mit Kindern muss das immer wieder in Erinnerung gerufen werden. Die Erfahrung der Bedingungslosigkeit geschenkten Lebens – die biblische Tradition nennt das Gnade – lässt Erfolg und Leistung nicht zu kurz kommen. Die Stärke eines Kindes, eines Menschen erwächst aus der bedingungslos geschenkten Fülle des Lebens. Stärke und Leistungsfähigkeit gewinnen Menschen, wenn ihnen Zuspruch, Anrede und Fürsorge zukommen und wenn sie sich diese Wohltaten zukommen lassen können und sie selbst weitergeben. Sich beschenken lassen und mit Freude genießen, was einem alle Tage zukommt, aus dieser primär passiven Gegebenheit entsteht die Stärke einer verantwortlichen Person, die auch über Mauern fliegen kann.

Das Gelingen aber von Bemühungen, Eifer, Leistung und Erfolg braucht Anerkennung und Lob und gelegentlich Bewunderung von Eltern und Erziehern. Gleichgültigkeit verletzt Kinder und macht sie stumpf.

---

18 G. Schneider-Flume, Leben ist kostbar. Wider die Tyrannei des gelingenden Lebens, Göttingen 3. Auflage 2008.

4. Lachen

Ich denke, Kinder können fliegen, wenn sie lachen können. Lachen befreit vom Zwang der Alltäglichkeit. Es lässt die Freude laut werden. Es hilft über Missgeschicke hinweg. Es löst von der Schwere, die auf einem lastet. „Hast du heute genug gelacht mit deinen Kindern?" so habe ich mich oft gefragt, und nicht ganz selten musste ich die Frage traurig verneinen. Meine Kinder konnten im Alter von etwa 6 bis 12 Jahren geradezu in Lachanfälle verfallen, in die sie sich gegenseitig brachten. Sie waren dabei ganz unbefangen fröhlich. Das war keine Albernheit, sondern etwas von der kostbaren Leichtigkeit des Seins.

Gewiss gibt es albernes Lachen, auch das muss erlaubt sein. Und es gibt das Lachen der Schadenfreude. Von Erwachsenen kennt man zynisches Lachen. Aber das Lachen von Kindern ist meistens befreiend, es überwindet Einschränkungen und erleichtert beschwerliche Situationen. Lehrer wissen davon zu berichten, wie Lachen kritische Situationen löst.

Janusz Korczak hat schon in „Frühe Texte über Kinder und Erziehung" (1898–1907) einen kleinen poetischen Text über das Lachen von Kindern verfasst:

„Lache Kind, lach fröhlich und unbeschwert.
Lach mit dem Mund und mit den Augen ...
Dein Lachen ist für uns Hoffnung und Glauben
Liebe und alles ... Ich sag' ein Gebet.
Und wenn ich dein Lachen sehe – dann liebe ich und glaube. ...

Was den tiefsten Zukunftsglauben entfacht,
Die besten Gefühle im Menschen findet,
Und was ihre tiefsten Gedanken entzündet,
Und uns innigst mit dem Leben verbindet,
Ist ein Kinderlachen, strahlend und klar." (SW 9,51f.)

Man kann diesen frühen Text, unabhängig davon, ob er als Poesie gefällt, als Motto über Korczaks Lebenswerk stellen, bis zuletzt. Ich denke, ich wäre dankbar und glücklich, wenn ich dem Lachen meiner Kinder immer so viel Bedeutung beigemessen hätte.

„...das Kind braucht den Glanz des Glücks und die Wärme der Liebe. Gewährt ihm eine helle Kindheit, und gebt ihm einen Vorrat an Lachen für das ganze lange und dornige Leben. Die Kinder sollen lachen, sie sollen fröhlich sein." (SW 9,76) So formuliert Korczak in späteren Jahren.

Noch im Vorschulalter fragte mich meine Tochter, die stets aufmerksam meinen Gesichtsausdruck wahrzunehmen in der Lage war – allzu großer Ernst machte ihr Sorgen: „Spielen wir heute wieder mit ganz viel Lachen?" Das war der Wunsch nach Freude und Genuss. Sollten nicht Lachen und Freude eines der ersten Gebote beim Zusammenleben mit Kindern sein? Wie warten wir auf das erste Lachen eines Säuglings im Alter von vier bis sechs Wochen! Es lässt alle Mühe und Sorge um den kleinen Erdenbürger vergessen.

Aber es gibt Lachen und Freude nicht auf Kommando. Der Apostel Paulus spricht davon, dass die Freude eine Gabe des Geistes sei, insofern unverfügbar. Doch Kinder können sie provozieren, wenn wir uns ganz auf sie einlassen.

IV. Zeit – Geschenktes Leben

1. Der Vorrang des Heute

So wie Ordnung die Orientierung im Raum ermöglicht, gewährt regelmäßige Zeiteinteilung die Chance intensiven Lebens in der Gegenwart. Zeit ist geschenktes Leben. Auf dem Antlitz von Kindern kann man die Freude über geschenkte Zeit, geschenktes Leben ablesen. Zeit haben *jetzt*, *noch* Zeit haben, keine Zeit *mehr* haben, das sind die durch die Zeit bestimmten Weisen des Lebens. Nicht nur im Zusammenleben mit Kindern ist Zeit eine grundlegende Lebensbedingung, aber im Zusammenleben mit Kindern ist Zeit, Zeiteinteilung, Planung und Zeitnot auch der häufigste Anlass für Freude oder Krisen. Hetze und Hektik bringen Kinder durcheinander und verderben alle Freude an Spiel, Arbeit und Zusammensein.

Janusz Korczak hat „das Recht des Kindes auf den heutigen Tag" zu einem der drei Grundrechte von Kindern erklärt und damit die Gegenwart als den primären Zeitmodus des Lebens erkannt. Er folgt damit – ob bewusst oder intuitiv – der biblisch-jüdisch-christlichen Tradition, in der die Gegenwart, die vorrangige Bedeutung im Leben hat. Wohl wird in der Gegenwart die Vergangenheit erinnert, und die Gegenwart setzt auch die Hoffnung auf die Zukunft frei. Vorrang aber hat der jetzige Augenblick, insbesondere für Kinder. Notwendige Planung und Zeiteinteilung schauen immer schon über die Gegenwart und den heutigen Tag hinaus. So funktionieren moderne Arbeitsprozesse, Kinder aber „funktionieren" nicht, sie haben die glückliche Fähigkeit, den gegenwärtigen Augenblick wahrzunehmen, ja geradezu darin zu versinken. Dieser Augenblick, der heutige Tag und das Recht des Kindes darauf, lassen sich nicht auf die Zukunft verschieben.

Ein weiterer Hinweis auf den Vorrang des Jetzt in Korczaks Pädagogik liegt in der Bedeutung, die Korczak dem Verzeihen zumisst. Verzeihen heißt, dass der, dem Verzeihung zukommt und der Verzeihung annimmt, ebenso wie der, der verzeiht, neu anfangen können. Ein Neuanfang aber geschieht jetzt, oder er ist verloren. Einen Neuanfang zu verschieben heißt, seine Chance auf den Sankt Nimmerleinstag zu verlegen. Neuwerden ereignet sich jetzt, zur rechten Zeit. Im Zusammenleben mit Kindern, im

Zusammenleben mit Menschen geht es immer wieder um das Neuanfangen. Auch diese Erfahrung steht in Übereinstimmung mit der biblischen Tradition. Das Neuwerden von Menschen steht in der Mitte vieler alttestamentlicher Lobpsalmen ebenso wie in der Mitte der neutestamentlichen Verkündigung: Menschen werden neu durch Gottes Eingreifen in Not und Bedrängnis, und sie werden neu durch Vergebung oder Annahme wie der verlorene Sohn. Korczak ging es allerdings nicht um religiöse Verkündigung, sondern um die Wahrheit guten menschlichen Lebens, die er den Kindern mitgeben wollte. Immer wieder neu anzufangen, neu anfangen zu dürfen, das heilt und bereichert menschliches Leben. Kinder richten sich auf, wenn ihnen nach einem kleinen oder größeren Vergehen verziehen wird, sie werden neu.

Von Korczak und zugleich von meinen Kindern habe ich gelernt, dass eine aufmerksame Wahrnehmung der Zeit intensives Leben ermöglicht. Darum geht es im Zusammenleben mit Kindern. Auch beim Umgang mit der Zeit erweist sich, dass Erziehung ein gegenseitiger Prozess ist zwischen Kindern und Erwachsenen. Kinder können Erwachsene daran hindern, sich in der Zeit zu verlieren, in Erinnerungen zu schwelgen oder unbestimmte Luftschlösser in der Zukunft zu entwerfen.

2. Zeit für Kinder – Zeit der Kinder

Als mein Sohn im „Philosophenalter" war, lernte ich von ihm, was Zeit für Kinder bedeutet. Auf seine Frage, wann wir zum Spielplatz gehen, antwortete ich: „Gleich!" Prompt bekam ich die Frage zur Antwort: „Meinst du erwachsenengleich oder kindergleich?" Das mag wohl die Antwort eines Kindes sein, das „geprüft" ist durch das Warten auf die Mutter, die angeblich immer so Wichtiges zu tun hat, zugleich aber ist es ein Hinweis darauf, dass es nicht nur *eine* Zeit gibt, sondern *Zeiten* und unterschiedliche Weisen, Zeit wahrzunehmen. Diese Tatsache ist für Kinder besonders bedeutsam. Das Jetzt, das Heute und der heutige Tag sind wichtig, es darf keine Flucht in die Zukunft geben oder auf das enttäuschende „später mal".

Kinder leben in ihren Kinderjahren primär nicht auf der Zeitlinie, die man mit der Sanduhr oder mit dem Chronometer messen kann. Kinder leben in der Zeit „für" oder „zu" etwas. Diese Zeit ist schon gefüllt mit

Geschehen, sie ist in ihrer Qualität und in ihrem Tempo durch das Geschehen bestimmt, das sie mit sich bringt. Da gibt es die *Zeit für* Hunger, die sich durch das angestrengte Schreien des Säuglings bemerkbar macht, es gibt die *Zeit für* zufriedenes Lächeln, später die *Zeit für* ein Spiel, in der nur das Geschehen des Spiels gilt. Es gibt die *Zeit für* Freude und die *Zeit für* Tränen. Geschehen und Zeit sind untrennbar miteinander verbunden. Selbst die Zeit, die man mit der Stoppuhr misst, wenn etwa Kinder einmal ums Haus laufen, ist für Kinder keine chronometrisch messbare Linie, sondern es ist eben die *Zeit für* eine Hausumrundung. Von dieser *Zeit für* sagt der biblische Prediger: „Ein jegliches hat seine Zeit, und alles Vorhaben unter dem Himmel hat seine Stunde." (Prediger 3,1) Der Prediger nennt Geboren Werden und Sterben, Pflanzen und Ausreißen, Weinen und Lachen, Klagen und Tanzen als Geschehen in einer *Zeit für*. Die chronometrische Zeit dagegen ist leere Linie, gemessene und gezählte Zeit, überall auf der Welt gleich ablaufend. Alle Uhren gehen gleich. Auf der Zeitlinie plant man seine Termine. Das ist die Grundlage aller Arbeitsprozesse und der weltweiten Kommunikation.

Die *Zeit für* ist der gegenüber der chronometrischen Zeitlinie primäre Zeitmodus. Wohl deshalb leben Kinder in ihren ersten Lebensjahren vornehmlich, wenn nicht gar ausschließlich in dieser Zeit. Sie planen noch nicht, vielmehr wollen und können sie sich ganz auf die gegenwärtige *Zeit für* einlassen. In diese Zeit kann man ganz eintauchen. Deswegen ist das die *Zeit für* intensives Spiel – Spiel, bei dem man nicht auf die Uhr schaut, sondern die Zeit vergisst. Ganz verwundert sind deshalb sogar ältere Kinder nach einem „zeitvergessenen Spiel" gelegentlich. Sie tauchen auf mit der Frage: „Ach, ist es schon so spät?" Erwachsene können diese Zeiterfahrung ebenso bei konzentrierten Tätigkeiten erleben. Konzentration braucht *Zeit für* ohne Hetze. Das Geschehen, mit dem die *Zeit für* gefüllt ist, lässt die ablaufende Zeit vergessen. Ich deute es deshalb nicht nur als Ungeduld, dass meine Tochter im Alter von zweieinhalb Jahren mir einmal sehr bestimmt entgegnete: „Ich mag kein ‚Gleich'!" Das ist nicht nur Ungeduld gegenüber einem Erwachsenen, der die eigene Zeitplanung meist wichtiger nimmt als den Wunsch eines Kindes. Der Kinderwunsch entstammt der Freude am Spiel in der *Zeit für,* Spiel und Zeit gehören zusammen und dürfen nicht verschoben werden.

Der Zeitmodus der *Zeit für* bestimmtes Geschehen ist auch für das biblische Zeitverständnis grundlegend, auch wenn das nicht die einzige Zeitvorstellung der biblischen Bücher ist. Aber von Gottes Mitsein in der Zeit wird in diesem Zeitmodus erzählt. Wenn von der Zeit des Erbarmens die Rede ist, oder wenn von der Zeit der Rettung, der Zeit der Freude oder auch des Zornes erzählt wird, wenn es etwa heißt: „Denn sein Zorn währet einen Augenblick und lebenslang seine Gnade. Den Abend lang währet das Weinen, aber des Morgens ist Freude." (Psalm 30,6) dann geht es nicht um die mit der Sanduhr gemessene Zeitspanne, sondern um die Erfahrung, dass rückblickend Zorn und Weinen nur einen Moment einnehmen gegenüber der das Leben immer tragenden Gnade und gegenüber der Intensität der Freude. Man kann geradezu sagen: Die Einheiten der *Zeit für* werden mit unterschiedlichem Maß gemessen.

Die *Zeit für* fehlt uns, wenn wir keine Zeit haben, und diese Zeit genießen wir, wenn wir sie haben. Ein Stück Ewigkeit steckt in der *Zeit für*, die Präsenz und Fülle schenkt.

Es gibt ganz entsprechend den Zeiten zweierlei Ewigkeiten. Die Ewigkeit, die die griechischen Philosophen dachten, eine unendliche Linie, unberührt von der Zeit und der Welt, sie schwebt abgehoben über der Welt. Anders ist es mit der Ewigkeit, von der die Geschichten der biblischen Tradition erzählen. Diese Ewigkeit ist nicht als unendliche Linie vorstellbar und sie ist nicht durch den Gegensatz zur Zeit und zur Welt bestimmt. Vielmehr beschreibt Ewigkeit die Dauer und Ausdehnung der Zeit Gottes bis an die Enden der Zeit. Diese Ewigkeit ereignet sich *in* der Zeit, *im* Leben von Menschen. Ewigkeitserfahrung ist Gotteserfahrung in der *Zeit für*. Auch wenn Menschen es oft nicht bemerken, spielt sich Ewigkeit in die Zeit ein und unterbricht sie heilsam im Augenblick einer Begegnung. Liebende wissen davon. Kinder erfahren das, wenn sie in die Arme genommen werden mit den Worten: Es ist alles wieder gut. Menschen, denen ein Neuanfang geschenkt wird, die „wie neugeboren" sind, haben etwas von der Ewigkeit in der *Zeit für* erfahren.

Wenn Menschen gar keine *Zeit für* haben, werden sie hektisch oder krank und eilen nur von Termin zu Termin oder sie verfallen der Langeweile. Kinder, die keine *Zeit für* haben, können nicht spielen und werden fahrig. Wenn die *Zeit für*, der gefüllte Augenblick, ständig durch neue Termine zerstört wird, dann nimmt man nicht nur Kindern Zeit weg und verbraucht sie, sondern man zerstört ihnen auch die Kraft der Gegenwärtigkeit und damit die Fähigkeit, *Zeit für* überhaupt wahrzunehmen. Planung, Termine, die Zeitlinie einerseits und gefüllte *Zeit für* andererseits können in unlösbare Spannung zueinander geraten. Das ist ein grundlegender Konflikt nicht nur im Zusammenleben mit Kindern.

3. Zeitkonflikte

Die *Zeit für* sammelt Menschen auf etwas hin, für das sie ganz präsent sind, bei der Sache, geistesgegenwärtig. Die Fähigkeit, präsent zu sein, einmal alle Kräfte im Augenblick zu bündeln und in der *Zeit für* zu konzentrieren, macht intensives Leben aus. Durch Hetze und Hektik wird diese Fähigkeit zerstört. „Du sollst nicht sagen, dass ich schnell machen soll!" kann ein vierjähriges Kind, das „Anziehen spielt", ganz bestimmt sagen, bevor es sich auf einmal blitzschnell angezogen hat.

Aber Menschen müssen planen. Das Leben läuft auf der Zeitlinie ab. Arbeitsprozesse brauchen Termine. Konsequente Zeitplanung oder Zeitmanagement in der Erlebnisgesellschaft erlauben häufig keine *Zeit für,* da *Zeit für* den Ablauf der Zeit unterbricht und stört. Notwendig ist der Mut, den Zeitablauf von Zeit zu Zeit anzuhalten. Man muss geradezu Nischen schaffen, in denen Zeit angehalten wird, damit *Zeit für* erfahren werden kann. Für Kinder ist das besonders wichtig, aber auch für Erwachsene ist das je und dann wohltuend. Es sind die Unterbrechungen, die es ermöglichen, *Zeit für* wahrzunehmen und intensiv zu leben. Möglicherweise lassen sich auch in Tagen von Kindern Unterbrechungen „einfügen", damit sie nicht einen ganzen Tag lang verplant sind. Oft lässt ein kurzes, ungestörtes Spielen früh morgens vor allen Pflichten, sogar vor dem Kindergarten, ein Kind den Tag glücklicher erleben.

Ich habe den Konflikt der Zeiten zwischen dem „Erwachsenengleich" und dem „Kindergleich" immer dann erfahren, wenn ich meine Planungen ohne Rücksicht auf die Zeit meiner Kinder gemacht hatte oder wenn eine unerwartete Verzögerung Zeit gekostet hatte. Auf einem knapp, allzu knapp geplanten Weg in die Bibliothek zum Besorgen von Büchern fragte mein Sohn auf dem Rückweg: „Haben wir jetzt'ne Zeit zum Klettern?" (Gemeint war das Klettergerüst auf dem Spielplatz.) Ich spüre noch heute mein schlechtes Gewissen, weil ich die Frage verneinen musste. Wie oft sind die verschiedenen Zeiten von Kindern und Erwachsenen kaum vereinbar! Allerdings verkraften Kinder einiges an geplanten Terminen, wenn anschließend eine *Zeit zu* intensivem Spielen möglich ist. Man kann dann beobachten, wie erholsam die Konzentration in der *Zeit für* ist. Es ist, als ob die Hingabe an die *Zeit für* intensives Spiel Kraft zurückspielt. Geht es Erwachsenen nicht ebenso, wenn sie sich völlig auf eine Arbeit konzentrieren können?

Im Gegensatz dazu steht die Müdigkeit, die durch das Nichtstun in der Langeweile entsteht. Korczak hat deshalb immer wieder vor der Langeweile gewarnt. Langeweile sei ein Thema für gründliche Studien:

> „Langeweile, Einsamkeit, bei einem Mangel an Eindrücken; Langeweile auch bei einem Übermaß an Eindrücken; oder es herrscht Lärm, Durcheinander. Langeweile: Das darf man nicht, warte, sei vorsichtig, das ist nicht schön. Die Langeweile eines neuen Kleidchens, die Langeweile von Hemmungen und Verlegenheit, die Langeweile von Anweisungen, Verboten und Pflichten... Eine schneidende Langeweile ist wie eine fiebrige Erkrankung, eine eitrige, langwierige, die sich zuspitzt." (SW 4,85)

Alles, was verhindert, *Zeit für* intensiv wahrzunehmen, führt zu Langeweile, dieser unendlich langen Zeit und der abstumpfenden Zeitwahrnehmung. Korczak beschreibt die körperlichen Phänomene eines gelangweilten Kindes so wie bei einer Krankheit:

> „Langeweile in Form von Apathie, Gleichgültigkeit gegen jeden Anreiz, verminderte Beweglichkeit, Maulfaulheit, schwache Lebensgeister. Das Kind steht unlustig auf, hält sich krumm, schlurft, streckt und reckt sich, antwortet mit einer mimischen Geste, einsilbig, mit leiser Stimme und verzieht unwillig das Gesicht. Es verlangt nichts, verhält sich aber jeder Anforderung gegenüber feindselig. Einzelne, plötzliche Ausbrüche, kaum motiviert, unverständlich." (SW 4,85)

Nicht gewährte *Zeit für* verursacht Mangel an Konzentration und als Folge davon:

> „Langeweile, verstärkte Unruhe. Es (sc. das Kind) bleibt nicht auf seinem Platz sitzen, befaßt sich mit keiner Sache für längere Zeit; es ist launisch, undiszipliniert, böswillig, aggressiv, lästig und gleich beleidigt, weint und wird zornig. Manchmal macht es absichtlich eine Szene, um bei der erwarteten Bestrafung den starken Eindruck zu erreichen, den es sich wünscht." (SW 4,86)

Möglicherweise muss man bei verhaltensauffälligen Kindern heute zuallererst nach den Bedingungen der häuslichen Zeiteinteilung fragen, noch bevor man eine Diagnose stellt und am Ende Tabletten verabreicht.

Der Konflikt der Zeiten ist ein Konflikt zwischen Kindern und Erwachsenen, aber es ist auch ein Lebenskonflikt für einen jeden Menschen ein Leben lang. Wo und wie kann man geistesgegenwärtig und begeistert von etwas sein, wann wird Zeit nur vertan, „vergammelt", wie man sagt. Die Sehnsucht nach intensiver *Zeit für* findet heute oft Ausdruck in dem Wunsch nach Meditationspraxis.

In jedem Kinderleben wird der Grund gelegt für den Umgang mit der Zeit. Es gibt kein Rezept zur Lösung für den Konflikt der Zeiten. Bei den Versuchen, Beruf und das Zusammenleben mit Kindern zu vereinen, ist der Konflikt oft schwer zu lösen, insbesondere, wenn nicht auch die Berufszeiten flexibler werden. Doch kann man sagen, dass da, wo die planbare Zeitlinie mit ihren Terminen und die *Zeit für* so aufeinander abgestimmt werden, dass Zeit *zum* Spiel und Zeit *für* Konzentration bleiben, da erfahren Kinder und Erwachsene geschenkte Zeit.

4. Festzeiten

Eine besondere Bedeutung für das Zusammenleben mit Kindern haben die Festzeiten. Verdichtung von Zeit im Fest bringt intensives Leben, es ereignen sich Präsenz und Fülle. Die Zeit hält einen Augenblick an und es leuchtet plötzlich etwas auf, was im alltäglichen Ablauf der Zeit nicht wahrgenommen wird.

Kinder spüren das stark, und sie sind empfänglich für Festfreude. Der Alltag wird unterbrochen, die Zeit läuft nicht ab und sie wird nicht alltäglich verbraucht oder totgeschlagen; mit der Feier bricht ganz Anderes in den gewöhnlichen Tagesablauf ein.

Das beginnt schon bei den Vorbereitungen für das Fest, wenn man Kindern nur das Mitmachen erlaubt und sie nicht mit einem „Das kannst du noch nicht" abschiebt, weil alles perfekt nach der Vorstellung der Erwachsenen sein soll. Im Miteinander der Vorbereitungen teilt sich Vorfreude mit. Ältere Kinder, die schon selbstständig Geschenke anfertigen, können vor Festen schon etwas von der Aufregung erfahren, dass die Zeit zu knapp wird, um alles rechtzeitig bereit zu haben.

Das Fest selbst, die intensivste *Zeit für,* lässt etwas spüren von der Ewigkeit in der Zeit. Bei unseren Kindern ereignete sich das zu Weihnachten beim Spiel mit den Krippenfiguren. Der Jüngste ließ alle seine Autos zur

Krippe fahren – eine ausgedehnte Schlange von Spielzeugautos an der Krippe – auch das ist Festfreude, Ewigkeit in der Zeit, höhere Stimmigkeit. Doch die Verdichtung von Zeit in der Festfreude kann auch andere Gestalt annehmen, etwa in der Gemeinschaft bei einer gemeinsamen Mahlzeit oder beim Spiel, in der Musik oder beim Tanz.

Janusz Korczak wusste mit den Kindern noch während der Ghettozeit Feste zu feiern. Die Konzerte und Theateraufführungen hatten Festcharakter, sie unterbrachen den Alltag und ließen für eine glückliche Zeitspanne die Sorgen vergessen. Es wird berichtet, dass, wenn der Stoff oder die Kleider für Kostüme fehlten, die Aufführungen mit Marionetten gespielt wurden, damit die zerrissenen Kleider der Kinder hinter dem Vorhang verborgen blieben. Die Freude aber an der Unterbrechung des Alltäglichen war ungeschmälert.

Feste sind *Zeit für* intensives Leben und Erleben heute, aber sie sind auch offen für etwas über das Heute hinaus. Sie vergegenwärtigen Erinnerung und öffnen einen Spalt für Hoffnung, für das Warten auf eine andere Zukunft. Die Zeit bleibt offen, nicht auf einer endlosen Linie, das wäre unendliche Langeweile, sondern offen für das entgegen Kommende oder den entgegen Kommenden.

5. Die Beständigkeit der Zeit

Schon früh bemerken Kinder, dass Zeit verrinnt und dass sie begrenzt ist. „Ich wünsche mir, es wäre noch Mittag und der Tag wäre noch einmal. Ich lebe immer kürzer, aber es ist immer noch sehr lange." So kann ein gerade Sechsjähriger philosophieren. Er spürt die Vergänglichkeit, aber er spricht sich selbst Trost zu mit dem „noch sehr lange". Erste Erfahrungen von Endlichkeit brechen auch in Kinderleben ein. Was hält und trägt? Was bleibt? Diese Erfahrungen können sogar die Rechenlust anregen, wenn die Jahre, die das Leben möglicherweise noch dauert, gezählt werden und darüber nachgedacht wird, wer in hundert Jahren noch lebt. „Vielleicht meine Kinder?" Doch auch die gezählten Jahre kommen an ein Ende. Es kann sich Angst breitmachen vor der Endlichkeit, vor der Grenze.

Es gibt bei Kindern regelrechte Zeitangst. Ich habe erlebt, dass ein Kind von fünf Jahren versuchte, beim Abendgebet mit dieser Angst fertig zu werden mit den Worten: „Gott soll das mit der Zeit richtig machen." In dieser nachdenklichen Äußerung stecken Erfahrung und Wahrheit. „Das mit der der Zeit", ihre Grenze, ihr Dauern, das können die Eltern nicht richten, auch sie haben das nicht in der Hand. Das ist die Erfahrung der primären Passivität von Menschen gegenüber der Zeit, gegenüber ihrem unaufhaltsamen Ablaufen. Dennoch ist Zeit verlässlich getragen.

Dass Zeit nicht nur leer verrinnt oder gar plötzlich abbricht, darum kann man bitten. In der kindlichen Formulierung des „richtig Machens" steckt ein Grundvertrauen, dass die Zeit – wie auch immer – nicht sinnlos abläuft. Im Glauben an die Beständigkeit der Zeit, die nicht in planenden Menschenhirnen und -händen gehalten ist, sind die Sorge und die Angst vor der Zukunft aufgehoben. Gottes Ewigkeit trägt Menschen auch durch finstere Zeiten. Der Psalmbeter bekennt: „Meine Zeit steht in deinen Händen." (Psalm 31,16)

Möglicherweise haben auch solche Überlegungen mitgespielt, als Janusz Korczak 1941 im Dom Sierot Gottesdienste einrichtete. Mit dieser Einrichtung wurde gegen die ins Ghetto eindringenden Schreckensnachrichten des Endes etwas wie ein Bekenntnis „zum Anderen der Zeit"[19] gestellt, das die Beständigkeit und den Halt in der Zeit gewährt.

---

19 Paul Ricœur, Zeit und Erzählung, Bd. 1, Zeit und historische Erzählung, München 1988, 53 (Original: R. Ricœur, Temps et récit, Paris 1983).

V. Vom Schimpfen und von der Verantwortung

1. Ein kindlicher Gebetswunsch

Meine dreieinhalbjährige Tochter pflegte im Bett oft, die zuvor gemeinsam gesungenen Abendlieder noch einmal zu singen. Eines Abends hörte ich sie wie schon vorher manchmal „Weißt du, wie viel Sternlein stehen?" singen. In der zweiten Strophe aber hieß es: „Gott der Herr macht, dass niemand mehr schimpft." Ich wurde aufmerksam und nachdenklich. Das war ein Gebetswunsch aus tiefstem Herzen. Wie muss sie das Schimpfen der Mutter vor allem mit dem großen Bruder erlebt haben! Offensichtlich brach es über sie herein wie eine Naturgewalt, und sie hatte Angst davor. Was konnte sie dagegen machen? In ihrer Not rief sie eine andere Autorität an, zwar nicht ausdrücklich gegen die eigene Mutter, aber diese steht unausgesprochen hinter dem „niemand". Das in dem Gebet enthaltene Gottesverständnis ist theologisch fragwürdig und zu kritisieren – der Gott, der alles macht und alles kann – ‚wichtig aber ist, dass es ein Gegenüber gibt in der Bedrängnis und eine Autorität über die elterliche hinaus, zu der man so vertrauensvoll singen kann. Das ist auch im Sinne biblischer Theologie wahr. Daraus erwächst die hoffnungsvolle Erwartung, dass sich alles bessert: „dass niemand mehr schimpft".

Und die Mutter, die durch das kindliche Gebetslied in die Schranken gewiesen ist? Sollen wieder die Nerven die erklärende Entschuldigung liefern? Meine kleine selbstbewusste Tochter half mir zur Klärung der Frage nach dem Schimpfen: „Ich finde es gar nicht schön, wenn du schimpfst."

2. Schimpfen I: Der Ton macht die Musik

Schimpfen ist eine Äußerung von Unwillen, Zorn, Ärger oder Wut. Aber was heißt Äußerung? Der Ton macht die Musik. Geht es um eine sachliche Feststellung oder eine kritische Äußerung, dann wird man das nicht „Schimpfen" nennen. Nicht zufällig wird das Schimpfen häufig mit einem Donnerwetter wie bei einem Gewitter verglichen. Es bricht aus. Man erkennt die Ursache oft nicht sofort. Gerichtet ist das Unwetter aber in der

Regel gegen jemanden, der etwas falsch oder auch gar nicht gemacht hat, jedenfalls nach Meinung des Schimpfenden. Ist es ein Vergehen oder nur eine Nachlässigkeit? Nicht immer wissen die Beschimpften, was sie angerichtet haben. Dem Ton nach muss es schlimm sein, aber ist es wirklich so schlimm, dass man nicht vernünftig und in Ruhe darüber reden kann?

Oft, sehr oft wird geschimpft, weil die eigene Ungeduld überhandnimmt und man die Kontrolle über sich selbst verloren hat. Das ist das ganz spontane Schimpfen, das dem Ärger freien Lauf lässt. Janusz Korczak hat Erziehern geraten, sich eine Strategie zu erarbeiten, um diese Spontaneität zu zügeln. Gleichsam einen Schritt zurückzutreten, eine innere Barriere vor einer spontanen Zornesreaktion aufzubauen, zu Korczaks Zeiten ging es dabei stets auch um das Innehalten vor der körperlichen Züchtigung. Korczak schreibt von sich selbst: „Ich bin ein absoluter, unerbittlicher Gegner der Körperstrafe. Schläge sind, sogar für Erwachsene, nur ein Narkotikum, nie – ein Erziehungsmittel. – Wer ein Kind schlägt, ist ein Schinder. – Nie ohne Vorwarnung und nur in Notwehr – einmal! – auf die Hand, nie im Zorn (nur, wenn es gar nicht anders geht)." (SW 4,427) Aber wir wissen, dass auch Worte treffen können wie Schläge und dass man nachher oft bereut, dass sie gefallen sind.

Was ist der Anlass, der den Ärger provoziert? Oft ist es immer wieder derselbe Anlass: Unordnung, Schlamperei, Zeitvergessenheit, Pflichtverletzung, nur selten sind es schwerere Vergehen. Jeden Tag gibt es eine Diskussion darüber, wie das Zimmer, der Schreibtisch, der Schrank aussehen. Die Tatsache, dass diese Vergehen immer wieder vorkommen, lässt schon erkennen, dass Schimpfen zwar schlechte Stimmung verbreitet, aber seine Wirkung verfehlt. Du willst ein Kind, für das du verantwortlich bist, dazu bringen, selbstverantwortlich seine Pflichten wahrzunehmen. Durch Schimpfen? „Ich finde es gar nicht schön, wenn du schimpfst." Und wenn es sich um wirklich schwere Vergehen handelt, wenn ein Kind einem anderen absichtlich Unrecht und Schaden zugefügt hat? Wie wird man es am besten zur Einsicht bringen?

Erziehen, mit Kindern leben, verlangt zuerst und vor allem, dass man sich klar wird über sich selbst und die eigenen Emotionen, Reaktionen, Schwächen und Fehler kennt. Von sich selbst stellt Korczak fest: „Ich bin impulsiv. Weder olympische Heiterkeit noch philosophischer Gleichmut sind meine Sache. – Das ist schlimm. – Ja, wenn ich aber nicht anders kann?" (SW 4,167) Das ist von Korczak nicht als Freibrief für unkontrollierte Ausbrüche von Ärger und Wut gemeint, im Gegenteil bestärkt die Kenntnis der eigenen Schwächen gerade die wohl überlegte Selbstbeherrschung. Deshalb die Aufforderung an die Erzieher, Tagebuch zu schreiben, zu beobachten und Taktiken der Selbstbeherrschung zu entwickeln.

In seinen Ausführungen über die Erziehungsarbeit im Internat schreibt Korczak von den Fehlern der Erzieher. Vieles trifft auch auf das Leben in Familien zu. Zunächst einmal die Feststellung, dass ein jeder Fehler macht bei der Erziehung, beim Zusammenleben mit Kindern. Ich denke, das Wissen darum mindert die unangemessene Überlegenheitsstellung von Eltern und Erziehern und macht nachdenklich. „Es gibt Fehler, die du immer wieder begehen wirst, denn du bist ein Mensch und keine Maschine." (SW 4,166) „Diese Fehler wirst du machen, denn nur derjenige, der nichts tut, macht keine Fehler." (SW 4,167) „Der gute und der schlechte Erzieher unterscheiden sich voneinander nur durch die Anzahl der begangenen Fehler und des begangenen Unrechts. Es gibt Fehler, die ein guter Erzieher nur einmal macht, er beurteilt sie selbstkritisch, wiederholt sie nicht und behält sie lange im Gedächtnis." (SW 4,168) Das soll keine falsche Beschwichtigung für Erzieher und Eltern sein, vielmehr können diese Hinweise den kritischen Blick von Eltern und Erziehern auf sich selbst und ihre erzieherischen Reaktionen schärfen.

Und auch Kinder müssen Fehler machen dürfen: „Erlaube den Kindern, Fehler zu machen und frohen Mutes nach Besserung zu streben. Kinder wollen lachen, rennen, übermütig sein." In diesem Zusammenhang fällt die schon zitierte Äußerung: „Erzieher, wenn für dich das Leben ein Friedhof ist, so erlaube wenigstens ihnen, das Leben für eine Wiese zu halten." (SW 4,187)

Oft wissen Kinder schon im Voraus, weswegen ihre Eltern oder Erzieher schimpfen werden. Verlegen stehen sie da mit gesenktem Kopf. Sie sind die Unterlegenen. Durch das Schimpfen werden sie bisweilen buchstäblich klein gemacht. Gewiss, es gibt berechtigtes Schimpfen, man muss seinen Ärger zum Ausdruck bringen, bedenklich aber ist es, wenn die Beschimpften nicht nur zur Rechenschaft gezogen werden wegen kleinerer oder größerer Vergehen, sondern wenn sie durch Schimpfen klein gemacht werden. Sie lassen das Unwetter über sich ergehen, sind bedrückt, oder sie entwickeln selbst Wut und Widerwillen. Rasch entsteht ein circulus vitiosus: Schimpfen, Demütigung, Kleinwerden, Wut des Kindes, Wut des Erziehers oder eines Elternteiles und das wiederholt sich immer wieder. Gedanken Korczaks können dazu helfen, diesen Kreis zu unterbrechen.

3. Selber machen: Verantwortung

Nicht der eigene Ärger darf im Mittelpunkt des Schimpfens stehen sondern die Frage: Wie kann der „Übeltäter" oder das pflichtvergessene Kind darin bestärkt werden, selbst die Verantwortung für das eigene Tun und Lassen zu übernehmen und sich zu ändern? Wie kann ihm geholfen werden, selbst die Stärke zu entwickeln, um die kleinen und größeren Vergehen selbst an sich zu korrigieren und sich zu bessern? Die Pädagogik der Achtung ist bedacht auf die Stärkung der Persönlichkeit des heranwachsenden Menschen. Statt Kleinmachen gilt Stärken für Verantwortlichkeit.

Ich habe Tagebuchaufzeichnungen von Kindern gelesen, die selbst die Initiative übernommen haben. Sie wollen alles ändern, vor allem sich selbst. Aber sie wollen das selbstverantwortlich bewerkstelligen. Das frühkindliche „Selber Machen!", mit dem ein Zweijähriger dir den Löffel aus der Hand schlägt, weil er selbstständig essen will, können Kinder weiterentwickeln, wenn ihnen genügend Spielraum bleibt, die eigenen Kräfte und Urteile zu entfalten. Selber fassen sie Vorsätze, um sich so zu ändern, dass die ärgerliche Schimpferei ein Ende hat, wenn sie nur erst erkannt haben, wozu die Vorsätze gut sind. Sie wollen sich selbst in die Hand nehmen und wissen doch noch nicht, wie schwer das ist. „Ich will jetzt ganz ordentlich werden." „Ich will nie mehr zu spät kommen." „Ich will nie mehr vergessen, was ich tun muss." So habe ich in einem Tagebuch gelesen. Wie viele ernste Vorsätze von heranwachsenden Jugendlichen zum Jahreswechsel gibt es! „Ganz zuverlässig!" „Nie mehr!" „Ganz neu!" „Immer pünktlich!" Das ist jugendlicher Radikalismus. Können Eltern und Erzieher diesen mildern und ihre Kinder vor dem Scheitern und damit zugleich vor Enttäuschung bewahren?

In Korczaks Erziehungsheimen haben die demokratischen Institutionen dazu beigetragen, die Selbstverantwortlichkeit der Persönlichkeit bei den Heranwachsenden zu stärken. Die Mitsprache im Kindergericht oder im Parlament und das Recht auf Klage konnten die Kinder selbstbewusst, aufrecht und groß machen. Die kontrollierte Ausübung von Pflichten stärkt die Verantwortung. Wie sollen Menschen ohne Pflichten, die auch beachtet und bewertet werden, Verantwortung ausüben und selbstverantwortlich werden? Ich denke, überbehütete Kinder nehmen Schaden, wenn sie stets bedient werden, anstatt selbstständig Pflichten zu übernehmen, selbst wenn sie dabei Fehler machen. Bei der „Entpflichtung" von Kindern, denen man alles abnimmt, wird vergessen, dass Pflichten nicht nur Lasten sind, sondern dass die selbstverantwortliche Erfüllung von Pflichten Kinder groß macht und sie in ihrem Selbstbewusstsein bestärkt. Silvia Ungermann zitiert den letzten Sekretär Korczaks, Igor Newerly, mit den Worten: „Das ganze System (der Erziehung durch die demokratischen Institutionen der Kinderselbstverwaltung in den von Korczak geleiteten Waisenhäusern, G. S.-F.) war auf dem Shakespearschen Appell aufgebaut: Bezwinge dich einmal! Das wird dir die Freude des nächsten Sieges geben!"[20]

Ein schönes Beispiel für die Ausübung der von Korczak eingeführten Pflicht der Betreuung eines Neulings im Waisenhaus durch einen erfahrenen Beschützer erzählt Alina Edestin, selbst Zögling im Dom Sierot.[21] Sie war in ihrer ersten Nacht im Waisenhaus selbst völlig verängstigt von Korczak getröstet worden. Rückblickend schreibt Alina: „Am nächsten Tag, während des Frühstücks, tritt der Doktor, an der Hand ein kleines Mädchen mit rotgeweinten Augen, an unseren Tisch und sagt zu mir gewandt: >Das ist Perelka, deine Tischnachbarin, und von heute auch deine Nachbarin im Schlafsaal. Schau, sie ist jünger als du, du wirst also ihre ältere Kameradin sein, dich ihrer annehmen und ihr bei allem helfen. Sie ist, genau wie du, neu hier und kennt ihre Kameradinnen noch nicht. Ich vertraue sie dir an, denn du bist vernünftig, und ich kann dir vertrauen.< Und der Doktor setzt Perelka neben mich. Wir sind acht bei Tisch, und Perelka ist die neunte. Ich gucke auf die anderen Kinder – meine Kameradinnen – und mir scheint, daß sie mir Achtung entgegen bringen. Das Gefühl der eigenen Wichtigkeit, verbunden mit Zufriedenheit, bewirkt, dass ich erröte. Stolz, weil mir der Doktor Vertrauen entgegenbringt, glücklich, daß er ausgerechnet mich für diese bedeutende Rolle auserwählt

---

20 Ungermann, Die Pädagogik Janusz Korczaks (Anm. 4) 124.
21 Ungermann, Die Pädagogik Janusz Korczaks (Anm. 4) 186f., zitiert aus Izrael Zyngman, Janusz Korczak in der Erinnerung von Zeitzeugen, den Bericht von Alina Edestin.

hat, rücke ich Perelkas Schemel dichter an meinen heran, schneide ihr die Brotscheibe, und so beginne ich mein Leben im Haus von Janusz Korczak und Stefania Wilczynska." Wenn man diesen kleinen autobiographischen Bericht liest, kann man geradezu spüren, wie die Körperhaltung der kleinen Alina Edestin während der geschilderten Szene sich verändert, sie streckt sich, wird größer und stolzer. Ohne Pflichten gibt es keine Verantwortung. Die Erfüllung der verantwortlichen Fürsorgepflicht und die Anerkennung stärken die Fähigkeit zur Verantwortung der kleinen Persönlichkeit.

Korczak hat in den von ihm geleiteten Erziehungsheimen etwas eingeführt, das die Eigeninitiative zu guten Vorsätzen stärken sollte: die Wetten. Kinder konnten einmal in der Woche bei den Erziehern Wetten einreichen, Wetten auf sich selbst, also etwa, dass sie in der nächsten Woche keine Schlägerei anfangen, oder dass sie nicht fluchen, lügen oder stehlen.[22] Die Wetten waren gedacht zur Stärkung für Kinder, die sich selbst etwas abgewöhnen wollten. Der Erzieher notierte die Wetten, die für eine Woche galten. Korczak war dabei stets darum bemüht, dass die Kinder sich beim Wetten nicht selbst überforderten und deshalb nachher eine umso größere Enttäuschung erleben mussten. Es sollte nicht um ein „nie mehr" gewettet werden, sondern erst einmal um eine geringere Anzahl der zu unterlassenden Pflichtverletzungen. Nicht darum, sich überhaupt nicht mehr zu schlagen, sollten die Raufbolde wetten, sondern genau abgezählt etwa höchstens sieben Mal in einer Woche. War das geschafft, gab es dafür eine kleine Belohnung, wurde es nicht geschafft, musste der Verlierer etwas zurückzahlen, etwa zwei Bonbons. „Es gibt einige (Kinder, G. S-F.), die Monate um das gleiche wetten, und stufenweise die Anzahl der sich vorbehaltenen Male verkleinern. Sie gelangen zu der Null und verbleiben dann einige Zeit bei dieser Zahl. Später, aber – fröhlich: >Ich brauche nicht mehr darum zu wetten, ich habe es mir abgewöhnt.< Es kommt vor, daß sie nach einiger Zeit mit dem gleichen Anliegen wiederkommen – sie sind dann traurig und ernst: >Ich dachte, ich hätte es mir abgewöhnt, aber ich mache wieder das gleiche.< Und wieder der gleiche mühselige Weg

---

[22] Vgl. M. Falska, Umriß der Organisation der Erziehungsarbeit im >Nasz Dom<, (SW 13,547–563, hier: 560f.).

der systematischen Überwindung der gegebenen Schwäche, der gegebenen schlechten Gewohnheiten."[23]

Der Sieg über sich selbst bestärkt jeden Menschen! Das Misslingen eines solchen Bemühens ist schmerzlich, und es bedarf der geduldigen Unterstützung, um immer wieder neue Versuche zum Sieg zu unternehmen. Besonders schwer ist es offensichtlich, das gegenseitige Beschimpfen und Fluchen zu überwinden, mit dem die Heranwachsenden sich selbst untereinander klein machen und sich gegenseitig verletzen.

Ändern kann ein Kind ganz bestimmt nicht das Schimpfen der Eltern oder Erzieher. Jeder Mensch muss selbst den Kampf mit sich über sich selbst führen, nur so führt der mühsame Weg zu einer selbstverantwortlichen Persönlichkeit. Ich denke, das Nachdenken über Korczaks Einrichtung des Wettens kann viele, vermeintlich erzieherischen Schimpfmaßnahmen unnötig machen. Sich selbst werden auch Erwachsene allerdings eingestehen müssen, dass sie doch ungewollt immer wieder auch schimpfen oder sogar schimpfen müssen. Den Kindern aber muss es auch erlaubt sein, sich darüber zu beklagen. Anerkennung steht ihnen unbedingt zu für jede gelungene Selbstbeherrschung. Natürlich gibt es viele andere Möglichkeiten, ein Kind in seinen eigenen Bemühungen zu bestärken und es zu unterstützen, damit seine Vorsätze erfolgreich sind: Nicht nur gibt es andere Belohnungen als Bonbons. Ich habe erlebt, dass Kinder sich die Erlaubnis, einen kleinen Film zu sehen, durch gelungene Selbstbeherrschung verdienen. Auch das ist eine Art des Wettens. Aber die Kinder müssen davor geschützt werden, sich durch ein „nie mehr" zu überfordern. Die erlangte Anerkennung wird sie bestärken zu weiteren Bemühungen.

4. Kinderklagen

Die Einrichtung des Gerichts hat im Dom Sierot dazu geführt, auch das Recht auf Klage zu institutionalisieren. Kinder konnten alles, was sie verletzt hatte, vor Gericht bringen. Für mich ist es noch heute im Rückblick eine Gewissensfrage: War ich als Mutter und Erzieherin bereit, Klagen der Kinder über mich anzuhören und zu diskutieren? Durften meine Kinder sich genügend beschweren über Ungerechtigkeiten? Viel üblicher ist die Vorstellung:

---

23 M. Falska, aaO. (SW 13, 561).

Kinder haben alle Kritik anzunehmen, Eltern jedoch sind, jedenfalls von ihren Sprösslingen, nicht zu kritisieren. Das mindert angeblich nur die Autorität. Nicht bedacht wird dabei, wie klärend und bestärkend ein Gespräch ist, in dem die Beteiligten den beschimpften Sachverhalt in Ruhe besprechen. Kinder müssen sich beschweren dürfen, und es muss ihnen erlaubt sein, sich über für falsch gehaltene Reaktionen der Eltern zu beklagen.

Korczak hat sich selbst verschiedene Male beim Gericht angezeigt und seine schriftlichen Aussagen wurden verhandelt: „Einmal, weil ich einem Jungen eins hinter die Ohren gegeben hatte, einmal, weil ich einen Buben aus dem Schlafsaal geworfen hatte, einmal, weil ich einen in die Ecke stellte..." Er bemerkt dazu: „Ich behaupte mit aller Entschiedenheit, daß diese wenigen Fälle (er spricht von fünf Fällen in einem Halbjahr, G. S.-F.) Grundstein waren für meine Erziehung zu einem >konstitutionellen< Pädagogen, der den Kindern nicht deshalb kein Unrecht zufügt, weil er sie gern hat oder liebt, sondern deshalb, weil es eine Institution gibt, die sie vor Ungerechtigkeit, Willkür und Despotismus des Erziehers schützt." (SW 4,312)

In der Familie gibt es kein Gericht und keine institutionalisierten Klagen und Rechte. Muss nicht umso mehr das Recht der Kinder auf kritische Infragestellung der elterlichen Erziehungsmaßnahmen respektiert werden – zum Schutz der Eltern vor Ungerechtigkeit, Willkür, Despotismus und übereiltem, unberechtigtem Schimpfen und zum Schutz der Kinder vor ungerechter Demütigung? Das könnte die Selbstverantwortlichkeit der Kinder und sogar die Autorität der Väter und Mütter stärken. Auch in der Familie geht es nicht nur um Gefühle, sondern um Gerechtigkeit. „Ich finde es gar nicht schön, wenn du schimpfst."

5. Schimpfen II: Mit einer Prise Humor

Beim Schimpfen zeigt sich hoffentlich auch immer etwas Humor. Deutlich ist das bei Janusz Korczak an der Wahl der benutzten Worte. Kinder bemerken sehr wohl, ob ein Begriff gebraucht wird, um jemanden klein zu machen oder ob schon ein Schmunzeln mithörbar ist, das den Delinquenten aufmerken lässt.

„Manchmal genügt ein: >Na, weißt du<... Aber häufiger muß man zu einem Tiegel mit heftigen, tadelnden Ausdrücken und Wendungen greifen.

(Denn es gibt minimale Übertretungen und erzkriminelle Handlungen. Also muß man eine ganze Plejade verschiedenartiger Wörter zur Verfügung haben.") (SW 4,440)

Korczak führt eine ganze Anzahl an ausgedachten Begriffen an: „Weißt du: Ich habe beobachtet, daß der ständige Gebrauch derselben Ausdrücke deren Effekt mindert und ihre Wirkung abschwächt... Ganz anders, wenn ich donnere: >Ach du – Motorisierung ... du Hurrikan, du Perpetuum mobile.< – Ich vermeide so die Monotonie, erneuere mein Repertoire und bediene mich dabei der verschiedensten Sachgebiete. – Aus der Ornithologie: >Uch, du Krähe.< – Aus der Musikwissenschaft: >Ach, du Flöte – du Zimbel.<

Man kann nie voraussehen, was hilft. Ich habe einen Schlingel gekannt – ich versuchte es so und so – nichts. – Ich wettere mit Substantiven – nichts; bis ich einmal sage: >Ach du Efdur.< Danach war er den ganzen Tag eingeschüchtert, wie die Maus unterm Besen." (SW 4,440)

Es muss offensichtlich auch immer darum gehen, den Getadelten zu verblüffen und zum eigenen Nachdenken zu bringen. Korczak bekennt von sich: „Wenn ich zum Beispiel einen anschreie (weil ich es muß), sage ich gleich darauf: >Ich bin dir böse bis zum Mittagessen<..." (SW 4,439) Ärger dauert nicht ewig, er muss begrenzt sein, danach ist das Gewitter vorbei.

Ich habe von Korczak gelernt, mich um Begriffe zu bemühen, die nicht klein machen, sondern nachdenklich. Nachdem ich einmal gespürt hatte, welche Verletzung ein ungerechtes, unpassendes Schimpfwort hervorruft – zum Glück wurde mir die Empörung gleich entgegen geschleudert – war ich vorsichtiger bei der Auswahl der gebrauchten Begriffe. Eine große Rolle spielte für meine Familie ein schwäbischer Schimpfkalender, der jährlich neu gedruckt für jeden Tag des Jahres ein besonderes Schimpfwort – mal witziger, mal weniger witzig – anbot. Er hing direkt neben unserem Esstisch und war bei Eltern und Kindern in Gebrauch. Mich erinnerte er an Korczaks Mahnung zur Selbstkontrolle und zu überlegter Wortwahl, auch im Ärger. Die Kinder konnten mit Hilfe dieses schwäbischen Repertoires die Auswahl ihrer Schimpfworte kontrollieren und die Eltern ebenfalls. Sicher gibt es auch andere Sammlungen von mehr oder weniger geistreichen Schimpfworten, die einem jeden immer auch noch ein Schmunzeln entlocken.

6. Verzeihen

„Sind wir wieder Freunde?" An diese Frage meiner Kinder erinnere ich mich häufig. Konflikte sind da, um gelöst zu werden. Sie dürfen keinesfalls verschleppt werden. „Machen wir morgen einen Tag ganz ohne Schimpfen?", wollte meine kleine Tochter versichert werden. Beim Zusammenleben mit Kindern dürfen Ärger, Wut und Zorn ebenso wie Strafe nicht tagelang herumgetragen werden, sie müssen rasch geklärt werden. Es ist wohl gerade so wie es vom göttlichen Zorn erzählt wird: „Denn sein Zorn währet einen Augenblick und lebenslang seine Gnade." (Psalm 30,6)

Und wenn doch wieder einmal die Ungeduld die Oberhand gewonnen hat? Wieder ungerechtes Schimpfen? Es gibt ein Heilmittel, das Wunder wirkt: wenn du ein Kind um Verzeihung bittest. Denn der, der um Verzeihung gebeten wird, wird nicht gedemütigt, sondern groß gemacht. Die Bitte um Verzeihung heilt Verletzungen und beschädigte Beziehungen.

VI. Der Glaube an Gott und das Gebet

1. Der betende Zweifler

„Im Grunde bin ich ein Zweifler, der Riten ablehnt. Aber geblieben ist mir der Glaube an Gott und das Gebet. Beides verteidige ich, da man ohne sie nicht leben kann. Der Mensch kann doch nicht das Produkt blinden Zufalls sein." (SW 3,91) Das bekennt Janusz Korczak schon als Schüler 1894, die Religion seiner „gläubigen" Mitschüler aber lehnt er ab. Freude und Jubel, die er in Erinnerung an Naturerfahrungen im Dank an Gott äußerte, und das Stoßgebet voller Sorge um die Kinder, das er nachts formulierte, bestimmten sein Beten sein Leben lang. Auch darin war er ganz der biblischen Tradition verpflichtet: Menschliche Angst und menschliche Freude sind nicht nur Gefühle im eigenen Inneren, sie müssen laut werden vor einem Gegenüber, vor Gott. Ein System religiöser Gedanken ist dafür nicht notwendig.

Kinder lehren uns beten, wenn sie von Freude überwältigt sind oder wenn sie mit dem unkontrollierten Einbruch von Angst und Leid kämpfen. Können wir mit ihnen die Freude im Jubel äußern oder die Angst zu einem Gegenüber sprechen, rufen, schreien?

2. Der Stoßseufzer

Mit Kindern lernt man beten, mit all der Angst, die man um sie hat, mit der Sorge. Wer kennte nicht den Stoßseufzer: „O, Gott, was wird werden mit diesem Kind!" Es ist noch nicht ganz über die Schwelle gekommen, werden wir es zurückgeben müssen? Wir freuten uns, wollten glücklich sein, und jetzt die Angst. Warum das, o Gott, ein krankes Kind? Wie soll es leben? Wie soll ich mit ihm leben? Im Zusammenleben mit Kindern gehen die Stoßseufzer nicht aus, nicht nur zu Beginn des Lebens, später immer wieder. Wenn man ratlos ist über das Verhalten der Heranwachsenden. Wenn sich jemand schwer verfehlt hat. Was wird aus ihm werden? Was soll ich machen, o Gott?

Der Stoßseufzer stellt sich da ein, wo kein Wissen und keine Erklärung beruhigen können. Der Seufzer wird vernehmbar, wo Angst und Ratlosigkeit herrschen. Die Bibel kennt diese Fragen: Warum? Wie lange? Warum, o Gott? Wo ich nicht mehr aus noch ein weiß, stellt sich das Rufwort[24] ein: O Gott! Niemand darf Menschen das Rufwort austreiben. O Gott, das erklärt nichts, und doch öffnet es eine enge, verschlossene Situation zu einem Ruf an ein Gegenüber. Du bleibst nicht allein in dir gefangen.

Das Zusammenleben mit Kindern bringt Stoßseufzer mit sich. Von Janusz Korczak kann man erfahren, wie sich ein Stoßseufzer in eine lange Klage entfaltet. In einem Bericht Korczaks aus dem Dom Sierot heißt es:

> „Heute nacht bin ich lange durch den Schlafsaal gegangen. Ich war traurig. Die Jungen schliefen. Nur einer erwachte und sah mich verwundert an – er wußte nicht, wozu ich umhergehe, wenn alle ruhig schlafen. Aber er schlief bald wieder ein. Doch ich schlief nicht. Ich betete.
>
> Gott, kennst Du Piotruś? Weißt Du, wie sehr wir darunter gelitten haben, als sich herausstellte, das Piotruś stiehlt und andere zu Bösem anstiftet? Wir mußten ihn aus dem Dom Sierot entfernen. Und was war? Wir haben ihn zu einem Meister getan – aber es geht ihm schlecht. Man nahm ihm das Bett und die Seife weg, er sollte zwei Groszy für jeden Mantel, den er wegbrachte, bekommen – aber er bekommt sie nicht. Sie wissen, daß er ein Waisenkind ist – und wer setzt sich schon für ein Waisenkind ein? Gib mir einen Ratschlag, mein Gott, was soll ich machen? Soll ich ihn zu uns zurücknehmen? Und wenn er wieder stiehlt und andere zu Bösem verleitet?
>
> Soll man ihn da lassen, wo er ist? – Und wenn er sagt: >Sie haben mir die Seife weggenommen, also kann ich ihnen auch etwas wegnehmen?<
>
> Sollen wir ihn zu einem anderen Meister bringen? Dann muß man dem Meister sagen, daß Piotruś gestohlen hat. Und dann nimmt ihn ein ordentlicher Meister nicht, und irgendein anderer wird genauso sein – vielleicht noch schlimmer?
>
> Oh Gott, warum müssen wir Kinder aus unserer Obhut zu fremden Leuten geben? Warum kann es nicht so sein, wie wir uns wünschen, daß es wäre? Warum? (SW13,362)
>
> „Oh Gott, warum können wir nicht alle unsere Kinder in den weißen Schnee hinausführen? Warum können wir sie nicht in stiller Nacht zu den Sternen schauen lassen? Warum können wir sie nicht mit einem schönen Frühling erfreuen? Wir müssen sie zu fremden Leuten geben – in Werkstätten, die nichts von dem sagen, was die grünen Blättchen sagen – wo man ihnen die Seife wegnimmt und ihnen die zwei Groszy für den Mantel, den sie wegbringen, nicht bezahlt. …

---

24 Vgl. E. Jüngel: „Gott ist ein Rufwort (Mk 15,34)." Ders., Gott – als Wort unserer Sprache (1969), in: Ders., Unterwegs zur Sache. Theologische Bemerkungen, Tübingen, 3. Auflage 2000, 80–104, hier 97.

Weiser Gott, sage mir, was ich mit Piotruś machen soll." (Berichte und Geschichten aus den Waisenhäusern, Aus dem Dom Sierot 1913–1926; SW 13,363.)

Gott – ein Rufwort, das Gebet – ein Stoßseufzer aus Angst und Ratlosigkeit heraus, aber der Ruf verhallt nicht im Leeren. Im Gegenüber werden Wege gesucht und Möglichkeiten erdacht. Da, wo sich kein Ausweg zeigt, streckt sich die Hand suchend aus. Du suchst und verfällst nicht in Panik.

3. Gebet als Lebensraum

Menschen müssen nicht beten und sie dürfen nicht zum Beten gezwungen werden. Aber das Gebet eröffnet einen Raum, in dem man sich bergen kann; es ist Ordnung, in die man einstimmen kann. Mein zweijähriger Enkel kommt morgens zum Frühstück und erklärt mir strahlend: „Amen singen!" Er erinnert damit an das Tischgebet, das gesungen wird und bei dem das Amen mit den Fäusten auf dem Tisch bekräftigt wird. Der kleine Kerl verfolgt mit seiner Erinnerung wohl kaum explizit theologische Absichten, wichtig ist für ihn aber jedenfalls auch die Freude daran, dass beim lautstarken Amen die Tassen mehr oder weniger wackeln. Doch schon das Kind hat die Ordnung erfasst, dass eine Mahlzeit mit Freude und Dank gemeinschaftlich gefeiert werden kann, immer wieder. Man kann einstimmen in das Gebet.

Die Sprache der Psalmen, viele einzelne Begriffe und Geschichten liefern die Bausteine für den Lebensraum Gebet. Es geht nicht um dogmatische Formulierungen, es geht nicht einmal um Gottesdefinitionen. In den Gebeten der biblischen Tradition, in den Psalmen, ist Jauchzen und Singen, Fragen und Klagen, Bitten und Hoffen. Das Meer braust vor Freude, und die Berge sind fröhlich. Beter bringen ihr Leben vor Gott, zu dem man beten kann, auch wenn man meint, ihn nicht zu kennen. Gott ist das Gegenüber menschlichen Bittens und Rufens, menschlicher Wünsche und Ängste. Aus der Tiefe wird gerufen: Warum? Hilfe und Schutz, Festigkeit und Zuflucht werden erbeten und gepriesen: „Mit meinem Gott kann ich über Mauern springen." (Psalm 18,30)

Von Gerechtigkeit ist die Rede und von Wahrheit, die im Leben trägt und zuverlässig hält. Was ist das? „Bei uns in der Schule ist das ganz anders.", lautet der bittere Kommentar eines kleinen Jungen: „Da prügeln sich die Jungen und drohen, später weiter zu prügeln." Es wird gelogen und verraten, falsch beschuldigt und gequält. Auch das kann im Gebet ausgesprochen und geklagt werden. Stärke, Rettung, Überwindung der Angst, Schutz – das sind Wünsche. Der Lebensraum des Gebets aber ist nicht Wunschwelt oder Illusion. Die einzelnen Worte lassen eine neue Wirklichkeit im alltäglichen Leben erstehen. Vertrauen wächst. Beten ruft ein Gegenüber in die Nähe. Auch in der Verlassenheit sind Betende nicht verlassen.

Die Sorgen über Piotruś, der das Waisenhaus verlassen musste, werden in einem nächtlichen Gebet reflektiert: „Weiser Gott, sage mir, was ich mit Piotruś machen soll."

Janusz Korczak hat im Dom Sierot das Morgengebet eingeführt. Niemand war gezwungen, daran teilzunehmen, es war ein Angebot, das den Tag regelmäßig strukturierte. Das Gebet ist Lebensraum und Ordnung, es teilt die Zeit ein. Es gibt mir Orientierung außerhalb meiner selbst: „Wenn ich mich zu Bette lege, so denke ich an dich, wenn ich wach liege, sinne ich über dich nach." (Psalm 63,7) Man kann einstimmen.

Besondere Bedeutung kommt dem Abendgebet zu. Kummer, Sorgen und Freuden des Tages können noch einmal zur Sprache kommen. Das Gebet ist kein Teppich, der harmonisierend alles zudeckt. Ängste und Klagen, bittere Anklagen können ausgesprochen werden, ebenso wie Wünsche und Hoffnungen. Ehrlicherweise dankt man gelegentlich nur für einen „mittelschönen" Tag. Wo Raum und Zeit zum Innehalten gegeben sind, bleibst du nicht allein mit dem, was dich beschwert. Das Gebet eröffnet einen Freiraum des Vertrauens, in dem die Lasten des Tages abgelegt werden können. Betende leben vor einem Gegenüber, auch wenn sie kaum noch von ihm wissen.

4. Gott, der Himmel und das schwarze Loch

Mit den Betenden verwandelt sich die Bedeutung des Rufwortes Gott. Gott und Welt sind anders, wenn man vor Freude springen möchte und ganz anders, wenn man zornig oder traurig ist. Aber nicht nur die Stimmungen ändern die Gottesvorstellung. Begriffe und Denken ändern sich mit der Zeit und mit dem Denkvermögen und bringen einen Wandel der Gottesvorstellung mit sich. Zunächst ist Gott wie der Vater gedacht, der alles weiß, alles kann und alles macht. Eine vertraute Vorstellung, die man als Kind ungern preisgibt. Allesmacher-Allmacht: Jede Möglichkeit kann durch Machen in Wirklichkeit verwandelt werden. Für wie viele Menschen bleibt das die einzig denkbare Möglichkeit, die Allmacht Gottes zu begreifen: Gott kann machen, was er will, unbegrenzt und unbestimmbar. Eine alte dogmatische Definition Gottes stellt fest, dass Gott allmächtig, ewig, unbegreiflich und unendlich sei. Das sind philosophische Vorstellungen, die mit der biblischen Tradition verbunden und dort verändert wurden. Ein Gott, der auf menschliches Rufen eingeht und sich menschlicher Not erbarmt, ist bestimmt durch die Macht des Erbarmens und der Liebe. Der allmächtige Allesmacher-Gott geht in die Brüche, wenn er doch nicht alles macht und nicht alle Wünsche erfüllt oder alles Leid verhindert. In der Regel lassen Menschen diese Gottesvorstellung hinter sich, wenn sie erwachsen werden.

Heranwachsende übernehmen die Allesmacher-Allmacht-Definitionen lediglich, um die Gotteskritik zu verschärfen: „Wenn es Gott gibt, warum hat er den Krieg nicht verhindert, obwohl ihr doch für Frieden betet?" Das Rufwort wird schließlich mit der Allesmacher-Allmacht-Vorstellung abgelegt, denn man lernt realistisch, dass nicht alles gemacht werden kann. Der Allesmacher-Gott bleibt ferne Kindheitserinnerung, oft verspottet.

Mit den Betenden wandeln sich die Vorstellungen. Gott im Himmel? Was ist der Himmel? „Kann man von da anrufen?" fragt ein Dreijähriger, der die Unerreichbarkeit eines Verstorbenen nicht begreift. „Wo ist Gott im Himmel? Im schwarzen Loch kann er doch nicht sein, dann würde er aufgesaugt." So argumentiert ein Sechsjähriger, dem schon andere Vorstellungen zur Verfügung stehen.

Wo ist Gott? Gott ist überall, nur nicht nahe, so scheint es. Die Vorstellung der Nähe ist allzu schwer fassbar. Und doch kann die Gottesbeziehung nur lebendig bleiben, wenn aus dem fernen Übergott der nahe Gott wird, der Gott des Gebetes, der anredet und ermutigt, tröstet und mahnt, der in die Gottverlassenheit mitgeht und zu neuem Vertrauen provoziert aus den Geschichten heraus, die in der biblischen Tradition überliefert werden.

5. Weißt du, wer dich straft?

Einen Gebrauch oder, besser gesagt, Verbrauch des Gottesbegriffes gibt es immer noch, der sich unausrottbar hält: Ein kleiner Junge kam zum Spielen. Etwas misstrauisch schaute seine Großmutter und mit erhobenem Zeigefinger drohte sie ihm, doch nicht zu wagemutig zu klettern. „Weißt du, wer dich straft?" Nach schwäbischer Tradition zielte diese Frage nicht einmal auf den zornigen Gott, sondern auf den strafenden Herrn Jesus.

Die Funktionalisierung des strafenden Gottes oder des zürnenden Herrn Jesus im Prozess der Reglementierung von Kindern war mir von klein an bekannt, bin ich doch groß geworden unter der drohenden Ansage eines Kindermädchens, dass Gott genau sieht, wenn man irgendwo nascht. Eine besonders während der Vorweihnachtszeit wirksame Drohung, die aber auch schwerwiegende Folgen über die Weihnachtsplätzchen hinaus haben kann. Schon Jugendliche schaffen diese Vorstellung rasch als lächerlich ab.

Die Fragen nach dem Zorn und der Strafe Gottes und nach Verzeihung und Vergebung sind theologisch und menschlich von großer Bedeutung, ihr Missbrauch für die Erziehung von Kindern und Heranwachsenden ist unverzeihlich. Es ist ein schwerwiegender theologischer Irrtum, wenn Gott für die Erziehung funktionalisiert wird. Nach der biblischen Tradition bemessen sich Zorn und Strafe Gottes nach der Barmherzigkeit. Die Kindern gesetzten Grenzen sind nicht göttlich, sie dürfen streng, aber sie müssen einsichtig sein.

Gegen so etwas wie Barmherzigkeit steht gelegentlich auch in der biblischen Tradition das Gesetz von Tun und Ergehen, das scheinbar eherne Gültigkeit hat. Dieses Gesetz erklärt Leiden, Krankheit und Unglück mit der Schuld der Leidenden und der dafür erhaltenen Strafe: Es geht dir so, wie du es aufgrund deiner Vergehen verdienst. Kranke und Leidende nehmen diese uralte Erklärung oft eher an, als dass sie die Unerklärlichkeit eines Leidens ertragen. Lieber eine falsche Erklärung als keine. Möge man Kinder vor der immer wieder bekräftigten Vorstellung von Tun und Ergehen schützen, damit sie bewahrt werden vor einem Lebensverständnis, in dem Schuld, göttlicher Zorn und Strafe die Erfahrung von Güte und Barmherzigkeit überbieten.

6. Gott gibt es nicht

Schon im Kindergarten wird die Diskussion darüber geführt, ob es Gott gibt. „Gott gibt es nicht!", behauptet nachdrücklich ein Vorschulkind. „Meine Mama erzählt Geschichten von Gott", entgegnet meine kleine Tochter. Der achtjährige Drittklässler aber kommt mit der festen Überzeugung aus der Schule: „Den lieben Gott gibt es nicht, da redet man beim Beten nur so vor sich hin! Den kann man ja nicht anfassen. Den gibt es nicht, sonst hätte ihn ein Raumschiff schon getroffen." So werden die Statements von ideologisch festgelegten Kosmonauten wiederholt. Der Hinweis auf die Geschichten greift nicht mehr. In der Schule wird gerade die Geschichte von Abraham erzählt. „Aber Abraham kann ich mir auch ohne Gott vorstellen." Dieses Argument wird an vielen biblischen Geschichten durchgespielt. „Die Paradiesgeschichte wird nur erzählt, damit die Menschen keine Angst haben." So wird in kindlichem Alter Religion als Illusion entdeckt.

Gleichwohl bleibt das Gebet, jedenfalls vorläufig, unangefochten. Die Wünsche bleiben und die Suche nach dem Gegenüber. Das Gebet ist tragende Ordnung. Es gibt Raum zum Nachdenken und Räsonieren, Raum für Angst und Sorge und auch für Freude und Zustimmung.

Eine andere Variante jugendlicher Gottesbestreitung lautet: „Gott ist eine Witzfigur, die erfunden ist, damit die Geschichten noch spannender sind." Auch das ist die Kritik eines Achtjährigen. Mich verblüffte diese Aussage, aber ich konnte darauf eingehen mit dem Hinweis, dass es tatsächlich witzige Geschichten von Gott gibt, wie etwa die Geschichte vom ungehorsamen Propheten Jona, der in der Angst vor dem Sturm von den Seeleuten ins Meer geworfen wurde, damit so der Sturm gestillt würde. Gott, so heißt es in der Geschichte weiter, lässt einen großen Fisch heranschwimmen, der Jona verschlingt und so zunächst rettet und nach drei Tagen und drei Nächten an Land spuckt. Ein merkwürdiger Gott. Die Pointe der Geschichte im Folgenden zeigt, dass dieser Gott Jona von der göttlichen Barmherzigkeit überzeugen will, die er auch gegen die abtrünnigen Bürger von Ninive gelten lässt. Eine verblüffende Geschichte voller Komik und eine Illustration göttlichen Erbarmens, eine neue Perspektive auf die Welt. Sollte man nicht öfter gerade auf das Verblüffende einer Gottesgeschichte hinweisen? Nur so kann die Wahrheit der Geschichte Gottes und die Wahrheit der Barmherzigkeit erzählt werden.

Eine ernsthaft theologisch begründete Kritik an einem Gottesbild lieferte ein Neunjähriger, als eine Lehrerin die Kinder in der Schule mit Buße und Sünde eingeschüchtert hatte: „Wenn so von Gott erzählt wird, dann glaub' ich immer, es gibt keinen Gott." Kinder können und müssen in die Kritik von Gottesbildern einbezogen werden, die Bilder wachsen mit ihnen.

7. Dank aus erinnerter Freude

Janusz Korczaks Kritik am Lebensverständnis von Nietzsches Zarathustra soll hier noch einmal angeführt werden. Korczak will Nietzsche antworten, denn das Buch habe viel Schaden angerichtet. Im ersten Teil seiner Tagebuchaufzeichnungen aus dem Ghetto im Jahr 1940 schreibt er: „Derselbe Zarathustra hat mich anderes gelehrt (als Nietzsche, G.S.-F.) ... In einem stimmen wir überein: Der Weg des Meisters und der meine, des Schülers – sie waren beschwerlich. Weitaus mehr Niederlagen als Erfolge, viele Biegungen, also vergeudete Mühe und Zeit, vergeudet nur dem Scheine nach."

Aber Korczak weist auf das traurige Ende Nietzsches hin und stellt dem sein eigenes nahendes Ende entgegen, dass er dennoch als auf einer fröhlichen Wiese interpretiert,

> „und ringsum gibt es Blumen und Schmetterlinge und Glühwürmchen und die Konzerte der Heupferdchen und die Solistin im Himmelsblau, die – Lerche.
>
> Guter Gott. Dank Dir, guter Gott, für die Wiese und die bunten Sonnenuntergänge, für das frische Lüftchen am Abend nach einem heißen Tag der Mühsal und Arbeit.
>
> Guter Gott, der Du es so weise eingerichtet hast, daß die Blumen duften, die Glühwürmchen auf der Erde leuchten, die funkelnden Sterne am Himmel.
>
> Wie freudvoll ist das Alter..." (SW 15, 299)

Die Dankbarkeit, die von Erinnerungen aus der Vergangenheit zehrt – im Ghetto gab es keine fröhliche Wiese! – lässt Korczak auch in bedrohter Zeit noch von Freude im Leben schreiben. Leben ist die gute Gabe, dennoch, ein Dankgebet verwandelt den Blick auf Leben und Welt.

8. Lebensperspektive in finsterer Zeit

Janusz Korczak wollte seinen Kindern Gott und die Möglichkeit des Gebetes als Lebensperspektive vermitteln.

„Wie kindisch ist die Hoffnung der Eltern (nennt sie bloß nicht fortschrittlich), daß man den Kindern das Verständnis der Welt, die sie umgibt, erleichtert, wenn man ihnen sagt: Es gibt keinen Gott. Wenn es keinen Gott gibt, was ist dann; wer hat das alles gemacht, was wird sein, wenn ich sterbe, woher kam der erste Mensch? Ist das wahr, daß man wie ein Vieh lebt, wenn man nicht betet? Der Papa sagt, es gibt keine Engel, aber ich habe mit eigenen Augen einen gesehen. Wenn es keine Sünde ist, warum darf man dann nicht töten?" (SW 4,107)

Es gibt Fragen, die können Erzieher und Eltern nicht beantworten – Fragen, die unbeantwortet bleiben müssen.

Weggefährten Korczaks haben immer wieder betont, der Pädagoge sei gar nicht „religiös" gewesen, was auch immer sie unter „religiös" verstehen. Sicher lässt sich Korczak keiner Religion zuordnen, er wollte das auch keinesfalls. Aber Korczak wollte den Kindern eine tragende, verlässliche Lebensperspektive mitgeben. In dem schon zitierten Abschiedsgebet für die das Waisenhaus verlassenden Heranwachsenden heißt es: „Wir geben euch eines: die Sehnsucht nach einem besseren Leben, das es nicht gibt, aber einmal geben wird, nach einem Leben der Wahrheit und Gerechtigkeit. Vielleicht wird euch diese Sehnsucht zu Gott, zum Vaterland und zur Liebe führen. Lebt wohl, vergesst es nicht." (SW 13,370)

Die heute zunächst befremdliche Zusammenordnung von Gott und Vaterland wird gemildert durch den Hinweis auf Wahrheit und Gerechtigkeit. Kinder, Menschen brauchen Orientierung, die sie nicht aus sich selbst heraus haben, die ihnen aber niemand auferlegen kann, sie müssen sie selbst suchen. Mit der Einrichtung des Gottesdienstes im Dom Sierot während der Ghettozeit 1941/42 hat Korczak einen Hinweis auf Orientierung gegeben. „In diesen besonderen Zeiten halte ich Gottesdienste im Dom Sierot für dringend notwendig. Das Gebet kann in so tragischen Augenblicken, wie wir sie jetzt erleben, den Menschen ermutigen."[25] Etwas trägt und gibt Festigkeit, dennoch.

---

25 Beiner, Janusz Korczak, Themen seines Lebens (Anm. 7) 252 zitiert: M. Zylberberg, In der Chlodna-Straße 33, in: F. Beiner/S. Ungermann (Hg.), Janusz Korczak in der Erinnerung, 512.

9. Beten, um standzuhalten

Gottes Geschichte verwickelt Menschen in neue Wirklichkeit. So wirkt menschliches Beten. Das Rufwort Gott unterbricht menschliche Enge und Resignation, Angst und Ausweglosigkeit. In dem alten Psalmgebet heißt es, dass die Beter aus der Enge der Todesnot gerufen haben mit den uralten Gebetsworten: „Mein Gott, mein Gott, warum hast du mich verlassen?" Ihr Rufen ging nicht ins Leere. Der Himmel ereignet sich auf Erden, wo Menschen zum Rufen provoziert werden und die eigene Situation nicht nur im Spiegel der eigenen Möglichkeiten, sondern vor Gott wahrnehmen.

Von Janusz Korczak ist das Gebet eines Erziehers überliefert:

> „Ich trage dir keine langen Gebete vor, o Gott. Sende nicht Seufzer über Seufzer aus … Ich verneige mich nicht in tiefer Demut, bringe kein reiches Opfer dar, um dich zu preisen und zu ehren. Ich begehre nicht, mich einzuschleichen in Deine mächtige Gnade, buhle nicht um ehrwürdige Gaben.
>
> Meine Gedanken haben keine Flügel, ein Lied hinaufzutragen in den Himmel.
>
> Meine Worte haben weder Duft noch Farbe, noch sind sie blumenreich. Müde bin ich und erschöpft.
>
> Mein Blick ist geschwächt und mein Rücken gebeugt unter der schweren Last der Pflicht.
>
> Und dennoch trage ich eine innige Bitte vor, o Gott. Und dennoch besitze ich ein Kleinod, das ich nicht dem Bruder – dem Menschen – anvertrauen möchte. Ich fürchte, daß es der Mensch nicht versteht, nicht empfindet, nicht beachtet, daß er es verlacht.
>
> Wenn ich graue Demut bin vor deinem Angesicht, Herr, in meiner Bitte stehe ich doch vor Dir – wie die flammende Forderung. Wenn ich auch leise flüstere, diese Bitte spreche ich aus mit der Stimme unbeugsamen Willens. Einen befehlenden Blick feure ich über die Wolken.
>
> Erhobenen Hauptes fordere ich, denn es ist nicht für mich. Gib den Kindern ein gutes Schicksal, gewähre ihren Anstrengungen Hilfe, ihrem Bemühen Segen. Nicht den leichtesten Weg führe sie, sondern den schönsten.
>
> Und als meiner Bitte Draufgeld nimm mein einziges Kleinod: meine Traurigkeit. Traurigkeit und Arbeit." (SW 5, 68)

Ist das noch ein Gebet? Eine Bitte, unverschämt fordernd, aufbegehrend, wie von Hiob. Das ist ein Ringen: Alle Sorge, alle Angst wird zur Forderung. Wer hat das Recht, so zu fordern? Vielleicht weiß man kaum mehr von Gott. Den kindlichen Wunscherfüller hat man hinter sich gelassen. Aber erfahren hat man, dass man sich selbst und das Leben nicht alleine in der Hand hat. Da ist ein Gegenüber, dem man das Leben verdankt. Dieses Gegenüber trägt – auch die Kinder. Nicht ich bin der Schöpfer, aber ich bin auch nicht das Schicksal. Ich kann rufen. Der Ruf geht nicht an ein Schicksal, sondern an den Gott, der dennoch mich und die Kinder hält. Hat er sich nicht mit dem Geschenk des Lebens versprochen? Die Möglichkeit zu rufen, kann man heranwachsenden Menschen immer wieder zuspielen. Die Diskussion darüber, ob es Gott gebe, wird daneben unerheblich.

Können Eltern, können Erzieher anders als der betende Erzieher für ihre Kinder bitten und wünschen? Sie müssen sie entlassen entgegen der Annahme eigener „Allverantwortung".

10. Warum?

„Mein Gott, mein Gott, warum hast du mich verlassen?" Das ist der Gott, zu dem Menschen rufen können, wenn sie nicht mehr beten können.

Eltern und Erzieher verfügen – Gott sei Dank – nicht über den Glauben ihrer Kinder und Zöglinge. Aber es ist schmerzlich, wenn Menschen die Gottesbeziehung verloren geht, unabhängig davon, ob es eine zornige Abwendung ist oder einfach ein Vergessen, weil andere Ansprüche und Aufgaben im Vordergrund stehen.

Doch Gott wartet, und er fällt ins Denken ein, wie Emmanuel Lévinas sagt. Es gibt die plötzlich auftauchende Erinnerung an den Grenzbegriff, an den Gott, der mehr ist als alles. Er hat vielleicht sichernd und beruhigend über der Kinderzeit gewaltet, als Vater, als Allwissender, als Beschützer oder auch als Strafender. Ob die Erinnerung an diese Vorstellungen wieder lebendig werden und Vertrauen gewinnen kann, so dass aus dem fernen Übergott der nahe Gott wird, der mitgeht? Man kann rufen in Nacht und Not, in Verlassenheit und Unglück, und man kann jubeln, beglückt vor Freude und Befreiung. Die Erfahrung des Psalmbeters kann lebendig werden: „Er streckte seine Hand aus von der Höhe und fasste mich und zog mich aus großen Wassern." (Psalm 18,17)

Im Warschauer Ghetto schreibt Korczak in sein Tagebuch: „Mein Leben ist schwierig, aber interessant gewesen. Um so eines hatte ich Gott in meiner Jugend gebeten. ‚Gib mir, oh Herr, ein schweres, aber ein schönes, reiches, würdiges Leben.'" (SW 15,360) Leben, auch schweres Leben, ist Geschenk. Gott – Gegenüber des Warum, für das es keine Antwort gibt. Doch neben dem Bittenden steht ein Tröster.

VII. Sterben – Tod – Endlichkeit

1. Unfassbar

Die Erfahrung von Sterben, Tod und Endlichkeit gehört auch zum Leben von Kindern, alle Tage. Geliebte Tiere sterben. Auch Kinder hören vom Tod unbekannter Menschen. Freunde verunglücken, mitunter ein Kind aus dem Kindergarten. Angst verbreitet sich. Die Eltern sind traurig, weil ein guter Freund gestorben ist. Ein junger Vater ist an einer schweren Krankheit gestorben. Kann man das verstehen? Wie soll man sich das vorstellen? Sterben alle Menschen? Wo sind sie dann, wenn sie gestorben sind? Beerdigt oder im Himmel?

Die Frage nach dem Ort versucht die Unbegreiflichkeit der Endlichkeit des Lebens zu erfassen. Das Ende unserer Zeit kann nicht gedacht werden, und das Ende eines vertrauten Menschen kann und will niemand begreifen. Deshalb wird ein Danach auf der Zeitlinie angehängt, als sei die Linie unbegrenzt. Wo sind die Toten? Im Paradies? Die Geschichte ist bekannt. „Da können wir auf dem Löwen reiten", meint ein Vierjähriger. Das kann man ausmalen. Das Paradies – ein geheimnisvoller Ort. „Was werden die Engel sagen, wenn wir da zu dritt ankommen?" fragt ein dreijähriger Junge seine Eltern. Er hat vom Sterben gehört, kann aber Trennung nicht denken. Nur gemeinsam dürfen einander vertraute Menschen sterben. Daher kommt auch die empörte Frage, nachdem eine Spielgefährtin aus dem Kindergarten durch einen Verkehrsunfall gestorben ist: „Warum ist die Mutter nicht mitgestorben?" Unfassbar!

Die heile Welt zerbricht, wo der Tod ins Leben einbricht. Angst verbreitet sich. Aber Kinder sind von sich aus nicht der Meinung, dass ein Leben „aus und vorbei sei", dass man einfach sagen könnte: „Das war's." Menschliche Lebenszeit ist endlich, aber man kann nicht feststellen: „Das war's." Dagegen steht das Verständnis des Lebens.

Wo ist der Freund jetzt? Er kann nicht einfach nicht mehr sein. Das „nicht mehr" eines Menschen, den man geliebt hat, ist nicht denkbar. Im Erinnern, in der Liebe, im Denken ist der Verstorbene doch noch gegenwärtig. Leben ist nicht einfach ausgelöscht.

Angst macht sich breit da, wo der Tod und das „nach dem Tode" nicht vom Leben aus, sondern von Angst machenden Phantasien aus erdacht wird. Über Höllen kann man phantasieren, und man kennt viele Höllen, die Menschen einander bereiten.

2. Verlassenheit

Eine reale, bedrohliche Hölle ist für Kinder die Trennung, die Verlassenheit. Deshalb lassen sich Kinder gegen die Angst versichern, dass sie nicht allein und ohne ihre Spielsachen sterben müssen. Dieses Versprechen tröstet. „Kann ich alle meine Spielsachen mitnehmen?" So fragt ein von Angst geplagter Fünfjähriger immer wieder, um immer wieder das bestärkende Versprechen zu bekommen, dass es keine tödliche Trennung gibt. Liebe bewahrt und verbindet alles. Deshalb kann die Mutter sich ganz auf die kindliche Angstfrage einlassen: „Ganz bestimmt kann man alles mitnehmen, was man lieb hat." Das Kind soll nicht mit einem in dieser Situation bedrohlichen „Ich weiß nicht!" gequält werden.

„Alles mitnehmen", das muss helfen gegen die Angst vor Verlassenheit. Alles mitnehmen: die Autos, die Bücher, die Figuren und Baumaterialien, alles. Ob der Junge deshalb seine Reichtümer so genau aufzählt, weil er sich selbst schon nicht mehr sicher ist in seiner Vorstellung? Erst später bieten sich andere Vorstellungen an: die Hand, die die eigene ergreift, die Stimme, die mich tröstend umhüllt. Es gibt Musik, die die Verlassenheit widerlegt. Ein vierjähriges Kind, das lange Zeit seine Mutter entbehren muss, schläft bei einem bestimmten Musikstück jeden Abend friedlich ein. Die Musik vermittelt Geborgenheit und Schutz so wie die Anwesenheit der Mutter. Der Zwang, alles mitnehmen zu müssen, kann sich verwandeln. Es entsteht die Erfahrung, getragen zu sein. Vertrauen und Liebe reichen über den Abbruch aller Beziehungen hinaus.

Aber erneut breitet sich Angst aus, wie eine Krake durchdringt sie alles. Nur verlässliche Anwesenheit hilft gegen die Übermacht der Angst. Deshalb braucht es so viel Zeit, mit Kindern zu leben, sie zu begleiten. Eine Mutter sitzt abends neben dem Bett ihres Kindes, die schlichte Präsenz ist Versicherung gegen die Angst. Und wenn Angst sich nicht vertreiben lässt? So kann sie doch miteinander ausgehalten werden. Geteilte Angst ruft zuletzt Vertrauen hervor. Es ist jemand mit mir. Ich bin nicht allein gelassen.

3. Höllen

Janusz Korczak erzählt von einer Erfahrung mit dem Tode, als er fünf Jahre alt war: Er wollte seinen toten Kanarienvogel in einer blechernen Bonbonbüchse, in Watte eingepackt im Hof unter dem Kastanienbaum beerdigen.

> „Ich wollte ein Kreuz auf sein Grab stellen. Das Dienstmädchen sagte, nein, das sei ein Vogel, etwas sehr viel Niedrigeres als ein Mensch. Sogar zu weinen sei Sünde.
>
> Soweit das Dienstmädchen. Schlimmer freilich war, daß der Sohn des Hausmeisters befand, der Kanarienvogel sei Jude. Und ich. Ich sei auch Jude, er aber sei Pole, Katholik. Er im Paradies, ich hingegen würde, sofern ich keine unanständigen Ausdrücke gebrauchte und daheim Zucker stähle, den ich ihm gehorsam brächte – nach meinem Tod in etwas kommen, das zwar nicht die Hölle sei, aber es sei dort finster. Und ich hatte Angst in einem dunklen Zimmer.
>
> Der Tod. – Der Jude. – Die Hölle. Das schwarze jüdische Paradies. – Übergenug, um mir Gedanken zu machen." (SW 15,301f.)

Gesellschaftliche und religiöse Verwerfungen werden durch die Höllenvorstellung verbunden und bedrohlich verstärkt. Kinder erleben Orte der Angst, ob man sie Hölle nennt oder nicht. Können wir ihnen den Mut vermitteln, der Angst standzuhalten? Lebensbeziehungen stärken gegen die Überflutung von Angst.

Wolf Erlbruch schildert ein Gespräch zwischen einer Ente und dem Tod: „Manche Enten sagen auch, dass es tief unter der Erde eine Hölle gibt, wo man gebraten wird, wenn man keine gute Ente war." „Erstaunlich, was ihr Enten euch so erzählt – aber wer weiß.", entgegnet der unwissende Tod.[26] Für ein Kind ist das bitterer Ernst, es erkennt nicht den tröstlichen Humor in der Darstellung.

4. Was hilft gegen die Angst?

Gegen die Angst steht die Frage, ob es Spielzeug gebe bei Gott. Aber die Bejahung dieser Frage hilft nur kurz. Erlbruch erzählt auch eine andere oft zum Trösten herangezogene Vorstellung: „Manche Enten sagen, dass man zum Engel wird und auf einer Wolke sitzt und runter auf die Erde gucken

---

26 Wolf Erlbruch, Ente, Tod und Tulpe, München 2007.

kann." „Gut möglich", sagt der Tod. „Flügel habt ihr ja immerhin schon." Doch dieser zynische Trost provoziert möglicherweise die Gegenrede, man wolle nicht auf der Wolke, sondern auf der Erde leben. Vom Münchener im Himmel kennt man diese Rede. Aus der Perspektive des Todes, wie freundlich auch immer man ihn veranschaulicht, gibt es keinen Trost.

Angestrengte Eltern und Erzieher versuchen, die Angst zu bezwingen, indem sie ihre Kinder ablenken. Ein Sechsjähriger, der schon einen großen Zahlenraum erfasst, zählt gegen die Angst. „Wie lange leben wir? Wann sterben wir?" Die Jahre werden gezählt bis 2000. 2010, 20, 30 ... 2100, und es taucht schließlich die Frage auf: „Leben meine Kinder dann noch?" Leben ist eine Zahlenkette geworden. Die Frage nach dem „Wo?" ist ersetzt durch die Frage nach dem „Wann?". Uralte apokalyptische Berechnungen versuchen diese Frage schon zu beantworten. Nimmt das die Bedrohung?

Antworten, die entworfen sind vom Berechnen der Zeit aus: nicht heute, sondern später, können nur für eine kurze Zeitspanne helfen. Auf der Zeitlinie kann die Todesangst nicht besiegt werden, denn die Zeit holt einen ein.

Nur das Leben steht als Trost gegen den Tod. Das Verständnis des Lebens gibt Halt, und Leben, das sind die Lebensbeziehungen. Liebe und Vertrauen können Menschen in der Angst festhalten. Deshalb hat Korczak bis zuletzt so sorgsam auf die Ordnung des Miteinander selbst in der äußerst bedrängten Bleibe des Dom Sierot während der Ghettozeit geachtet. Nur in der Ordnung konnte Rücksicht und Fürsorge für die große Zahl der Kinder geübt werden, nur in der Ordnung, selbst auf engstem Raum und in bedrohter Zeit, gab es Leben und Beziehungen: Anrede, Pflichten, Spiel, Märchen, Kunst, Musik, gemeinsame Mahlzeiten, wenn auch mit einem Hungeressen, das Gebet und den Gottesdienst, die Versorgung der Kranken. Neben der Bedrohung des Lebens gab es auf diese Weise noch etwas wie Geborgenheit. Nur die Beziehungen stehen gegen den bedrohlichen Abbruch, den der Tod bedeutet.

Das Lebensverständnis prägt auch Korczaks Umgang mit dem Lebensende und den sterbenden Menschen im Ghetto. Er bekennt: „Als ich in den schweren Stunden den Plan erwog, zur Vernichtung verurteilte Säuglinge und Greise des Juden-Ghettos zu Tode zu bringen (einzuschläfern), begriff ich das als Mord an Kranken und Schwachen, als Meuchelmord an Unwissenden." (SW 15,358) Korczak hat sich bei dem Leiter der Gesundheitsabteilung des Judenrates (im Ghetto) auch dafür eingesetzt, dass die auf der Straße sterbenden Kinder aufgehoben und noch in einen Raum getragen wurden:

> „Wenn wir ihr Leben nicht retten können, dann garantieren wir ihnen wenigstens einen menschlichen, anständigen Tod. Dafür brauchen wir nicht viel Platz, das verursacht keine großen Kosten. Das kann ein großer Raum sein, mit Regalen wie in einem Textilgeschäft." (SW 15,255, Anm. 1)

Gemeinschaftliches Leben gibt nicht nur Kindern Halt und Hoffnung in verunsicherten Zeiten. Nicht Religiosität, sondern Leben steht gegen den Tod und gegen die Angst. Er sei nicht religiös, sagte man von Janusz Korczak, aber Korczak wusste, das Leben zu hegen. Damit stand er ganz in der Tradition der biblischen Schriften. Das Angesicht, das über Menschen erstrahlt und nicht abgewendet sein möge, ist Inbegriff guten Lebens: „Der Herr lasse sein Angesicht leuchten über dir", so heißt es im aaronitischen Segen, im 4. Buch Mose (6,25).

Es gibt Eltern, die geben ihren Kindern einen strahlenden Blick auf den morgendlichen Weg mit, Bestärkung und Mut für den Tag. Auch dieser Blick ist wie ein Segen, Kraft, die trägt. Es gibt Zeichen im Leben, die die Tragfähigkeit von Lebensbeziehungen abbilden. Jede Annahme und jedes Verzeihen, wenn wieder und wieder etwas verfehlt wurde, ist Erfahrung von Leben und Liebe, die Menschen gegen den Tod bestärken. Es gibt keine endgültig zugeschlagene Tür, das ist die Erfahrung von Lebensbeziehungen, die tragfähig sind. Immer wieder gibt es Annahme und Verzeihen. Trösten, so wie einen nur die Mutter trösten kann. Die Bibel erzählt das von Gott. Das ist Lebenserfahrung gegen den Tod. Diese Erfahrungen nehmen schon etwas vorweg von dem Wissen des christlichen Glaubens, dass am tiefsten Punkt der menschlichen Existenz einer steht für uns. Das ist Ermutigung gegen Todesangst. Ich denke die Erfahrung von Annahme, Liebe, Verzeihen und Trost gräbt sich tief in die Herzen von Kindern und gibt ihnen Festigkeit bis ans Ende des Lebens.

Als Janusz Korczak im August 1942 zusammen mit den Kindern des Waisenhauses zum Abtransport in Warschau auf dem Bahnhof schon in die Waggons gedrängt war, wurde er von dem deutschen Platzkommandanten, der Korczaks Kinderbücher kannte, herausgerufen, und es wurde ihm angeboten: „Sie können hierbleiben." Korczak ging zurück zu den

Kindern in den dunklen Waggon. So wurde er den Kindern gerecht. In diesem Festhalten an den Kindern wirkt die zurechtbringende Gerechtigkeit, die liebevoll an Menschen festhält. So tragen Lebensbeziehungen. In der Gerechtigkeit kommt der Grenzbegriff Gott ganz nahe. Er trägt durch die Todesangst zu neuem Leben.

Man kann nicht am Ende des Lebens phantasievolle Geschichten über ein Jenseits erfinden. Sie tragen nicht. Das Abwischen der Tränen und das Neuwerden erfahren Menschen hier und jetzt im Leben und sie erfahren, dass sich das ereignet gegen alles, was im Leben dagegen spricht. Deshalb kann ein dreieinhalbjähriges Mädchen glaubwürdig versichern: „Der liebe Gott macht das so, dass man erst stirbt, wenn man sterben will." Das ist kindliches Lebensvertrauen bis zum Ende und darüber hinaus. Zuletzt kann man dennoch einstimmen.

Janusz Korczak hat sich vor den Kindern und dem Elend nicht in eine Gegenwelt geflüchtet. Er lebte Gerechtigkeit, diese lebendige Kraft, die in der biblischen Tradition die heilen Gemeinschaftsbeziehungen zwischen Menschen, zwischen Gott und Mensch und zwischen Gott und Natur bezeichnet, hier und jetzt, nicht in einem spekulierten Jenseits, sondern im Diesseits alle Tage. Mit Kindern muss man im Diesseits leben, ganz gegenwärtig, Gottes Ewigkeit leuchtet darin auf und reicht über die Grenzen des Diesseits hinaus.

VIII. Noch einmal: Erziehen – mit Kindern leben

1. Wozu?

Mit der Frage „Wozu?" ist sowohl das Leben wie die Erziehung verfehlt. Denn das Wozu ist das Leben selbst. Erziehen – mit Kindern leben hat seinen Sinn und sein Wozu in sich selbst. Sinn und Wozu liegen nicht irgendwo an einem imaginären Ort, in der Entwicklung zu einem fernen Zielpunkt am Ende oder jenseits unseres Lebens. Wenn Sinn und Wozu aus dem Leben eines Menschen an einen Zielpunkt außerhalb verlagert werden, nimmt der Mensch Schaden. Kinder werden dann zu „noch nicht Menschen", zu defizitären Wesen, aus denen man etwas machen muss. Das Recht auf Leben wird ihnen beschnitten, weil sie als Kinder vermeintlich uneigentliche Menschen sind.

Aber Kinder sind Menschen, jetzt schon, Janusz Korczak hat das immer wieder eingeschärft. Aus Staub geworden, aber Gott hat in ihnen Wohnung genommen. Die Erinnerung an die biblische Tradition verweist darauf, dass dein Kind nicht dir gehört, es ist nicht dein Besitz, es steht dir gegenüber als Geschöpf Gottes. Das verlangt Respekt und die Einsicht: Kinder dürfen nicht nach dem Willen und Plan der Erzieher geformt werden. Als Geschöpfe haben sie selbst Würde von Anfang an und ohne Vorbedingungen, und sie stehen nicht nur vor dir, sie sind sich geschenkt von einem Gegenüber, vor dem sie leben, zu dem sie beten und wünschen können. Sie sind nicht auf die Endlichkeit beschränkt.

Es ist ein schweres Vergehen von Erziehern, Kinder nach dem eigenen Erzieherwillen, den eigenen Idealen folgend zu formen. Du willst einen Menschen nach deinen Vorstellungen bilden, schaffen. So soll das Kind werden. „Und du suchst ein Vorbild, dem es gleichen soll, du suchst das Leben, das du für dein Kind erträumst." (SW 4,13) Wie oft kommt es dabei zu Verformungen an jeder Vorstellung von Freiheit vorbei, denn das Kind ist ganz anders. Auch ein Kind sucht ein bestimmtes Leben, sein Leben, nicht das von dir ausgedachte und erwünschte. Selbstverständlich prägt das Vorbild der Erziehenden oder der Eltern. Kinder machen zunächst das, was ihre Eltern und die, mit denen sie zusammenleben, ihnen vorleben.

Wenn sie aber zu Selbstständigkeit und kritischer Einsicht erzogen werden, sind sie später in der Lage, selbst zu wählen, selbst zu werden. „Ich danke dir, dass ich ein richtiger Mensch bin." Diese Feststellung entstammt der Tradition des Schöpfungsglaubens, die dem Recht des Kindes, das zu sein, was es ist, zugrunde liegt.

Immer wieder wurden ideale Erziehungsvorstellungen entworfen. Im 19. Jh. hat der deutsche Idealismus die reife, ganze Persönlichkeit als Erziehungsziel entwickelt. Reife, Ganzheit, Geschlossenheit einer Persönlichkeit sollten die Erziehung eines Menschen leiten. Diese Ideale haben bis weit ins 20. Jh. hinein gewirkt, und sie sind noch heute wirksam, überall wo Erziehung geleitet ist von dem Gedanken der in sich ruhenden, harmonischen, ganzen Persönlichkeit. Ideale sind nicht nur fremde erzieherische Leitlinien, sondern oft auch Zwangsuniformen, in denen Kinder das werden müssen, was ihre Eltern oder Erzieher wollen.

Andere Zeiten und andere Ideologien entwerfen andere Ideale und andere Uniformen: der sozialistische Mensch, der stramme kleine Soldat, der für das Vaterland marschieren soll, oder das Ideal des angepassten Menschen, der sich allen Vorschriften und Ansprüchen fügt und deshalb vermeintlich keinerlei Schwierigkeiten haben wird. Auch eine Wohlstandsgesellschaft mit fast unbegrenzten Konsumwünschen und -möglichkeiten entwirft eine Uniform, in die ein Kind passen soll. Dem soll die Erziehung dienen. Wozu?

Das dritte Recht des Kindes, das Korczak festgeschrieben hat, „das Recht des Kindes, das zu sein, was es ist", steht gegen diese Erziehungsideale. Ein Kind soll und darf es selbst sein, ein richtiger Mensch, frei unter Mitmenschen. Mit seinen Wünschen und seinen Ängsten kann es sich selbst über Eltern und Erzieher hinaus an ein Gegenüber wenden, das ist Freiheit, *konkrete* Gotteserfahrung, konkret hier und heute im eigenen Leben. Aus seinem Wünschen und Beten erwächst die Stärke des Selbst, obwohl bei weitem nicht alle Wünsche erfüllt werden.

2. Der Vorrang der Gegenwart

Das zweite Recht von Kindern, das Janusz Korczak formuliert hat, ist „das Recht des Kindes auf den heutigen Tag". Auch dieses Recht bedeutet eine Herausforderung für das Denken von Eltern und Erziehern, jedenfalls dann, wenn Erziehen nicht als miteinander Leben, sondern als Erreichen von Zielen verstanden wird. Gewiss, Kinder lernen und sie erbringen erstaunliche Leistungen. Auch erreichen sie Ziele in körperlichen und geistigen Fähigkeiten auf vielen Gebieten. Doch darf das allein ein Leben mit Kindern beherrschen? Soll allein Leistungsfähigkeit, so wünschenswert sie für alle Menschen ist, ein Leben letztlich bestimmen?

Leistung ist zukunftsorientiert. Wenn Leben ausschließlich auf das Erreichen von Leistungen und Zielen ausgerichtet ist, ist der heutige Tag, ist die Gegenwart immer nur Durchgangspunkt zu einem höheren Ziel hin. Die Gegenwart wird uneigentlich, der heutige Tag verliert seinen eigenen Wert, denn er ereignet sich lediglich auf dem Weg zu einem zu erreichenden Ziel hin.

Leben ist dann nicht mehr die Wiese, die man genießen kann, über der der Regenbogen wahrgenommen wird, es gleicht eher einer Rennbahn, auf der um Leistung gekämpft wird. Das ist ein Bild, das sicher bestimmte Lebensabschnitte vieler Menschen richtig erfasst, ebenso wie das Bild einer „Rennebahn" zum Tode hin, in dem Andreas Gryphius die Vergänglichkeit der Zeit im Leben in dem Gedicht „Abend" verdichtet, Aspekte des Lebens treffend beschreibt. Korczak verweist mit der Metapher der Wiese auf die Erfahrung der Freude an geschenktem Leben und auf die Erfahrung des Dankes darüber. Geschenktes Leben ist Provokation zur Gegenwärtigkeit hier und heute, so kann Gottes Sein in der Zeit *konkret* erfahren werden.

3. Religiöse Erziehung?

„Der Mensch kann ohne Glauben nicht existieren." stellt der junge Janusz Korczak fest. (SW 3,82) Nach dem Glaubensverständnis der biblischen Tradition, das Glauben als Vertrauen und Mut versteht, ist das zutreffend. Menschen brauchen Vertrauen, Lebensvertrauen und Mut. Kann man es Kindern vermitteln? Im Miteinander täglichen Lebens kann sich Glaube ereignen, so wie auch gebetet werden kann, obwohl der Glaube und damit auch das Gebet unverfügbar bleiben. Der Vertrauensgewinn durch Gebete kann sich im täglichen Leben mitteilen. Wenn aber der Glaube als Sammlung von fürwahr zu haltenden religiösen Vorschriften und Beten als frommer Zwang gefordert werden, hat man möglicherweise für eine Zeit lang einem Kind etwas aufgezwungen, aber die Enttäuschung über die spätere selbstständige Abwendung der Heranwachsenden von aller Religion trifft Erzieher und Eltern hart.

Glaube kann nicht Gegenstand von Erziehung oder religiöser Erziehung sein. Glaube wird gelebt und er trägt Leben; er ist so unverfügbar wie das Leben selbst. Dennoch werden Glaube und religiöse Erziehung immer wieder für die Entwicklung der menschlichen Persönlichkeit instrumentalisiert. Die befreiende Kraft des Glaubens und das Freude provozierende Lebensvertrauen gehen dabei allerdings verloren. Die Freiheit eines Christenmenschen, die allein von der zuvorkommenden Liebe Gottes lebt, wird so zu einem Erziehungsideal, die Freiheit, *leben zu dürfen,* wird zu dem Zwang, *leben zu müssen.*

Wie kann von Gott gesprochen werden beim Zusammenleben mit Kindern? Wo von Leben gesprochen wird, wird auch von Gott gesprochen. Religiöse Erziehung ist Leitung zum Leben, zu Gott und zur Welt. Vom Leben her erschließt sich Gott, in der Welt zeigt er sich als Geheimnis. Eltern und Erzieher sollen keinen Religionsunterricht geben und Spezialwissen verbreiten. Beim Leben mit Kindern kann es nicht um theoretische Ausführungen *über* Gott gehen. Aber Menschen leben in Gottes Geschichte, auch wenn sie dessen oft nicht gewahr sind. Wir müssen uns eingestehen, dass Kinder sich auch entwickeln und wachsen, wenn sie und die Eltern und Erzieher nicht von Gott wissen. Aber Gott ist *konkret* im Leben, er ist mit den Menschen, ob sie es wissen oder nicht. Man kann Geschichten von Gott erzählen, Lebensgeschichten, die befreien und Mut machen. Janusz Korczak rührt ständig daran, wenn er vom Dank im Leben und Erleben spricht, wenn Freude zur Sprache kommt oder Klage, wenn Staunen provoziert wird, und wenn im Mittelpunkt des täglichen Zusammenlebens das Verzeihen steht. Alle Tage geschieht das im Dom Sierot, auch lange bevor in der schrecklichen Notzeit 1941 regelmäßige Gottesdienste eingeführt werden.

Dank, Freude, Klage, Staunen und Verzeihen – das sind Richtungspfeile auf die Geschichte Gottes hin, von der die vielen alten Geschichten der biblischen Bücher und die Tradition des Glaubens erzählen. Die Geschichten lassen etwas von der Erfahrung geschenkten Lebens gegenwärtig werden: Leben ist nicht nur alltäglicher Ablauf, vielmehr verweisen Leben und Lebenszeit auf Gottes Sein in der Zeit. Erziehen kann verstanden werden als Leben mit Kindern in Gottes Geschichte, in der Leben mit Zeit und

Raum geschenkt und bewahrt ist. Dank, Freude und Klage sind die Antwort darauf – Verantwortung, Leiden und Angst sind in dieser Geschichte getragen. Im Vertrauen auf diese Geschichte kann auch das Recht des Kindes auf den Tod verstanden werden. Eltern und Erzieher müssen ein Kind fürsorglich leiten, der biblische Gott aber umfasst mit dem Leben auch den Tod.

www.ingramcontent.com/pod-product-compliance
Ingram Content Group UK Ltd.
Pitfield, Milton Keynes, MK11 3LW, UK
UKHW041920140426
5217IPUK00014B/247